Stein, Carl, 1824-1902

Album volksthümlicher deutscher und ausländischer Lieder : für mittlere Stimmlage ein- oder zweistimmig

Stein, Carl, 1824-1902

Album volksthümlicher deutscher und ausländischer Lieder : für mittlere Stimmlage ein- oder zweistimmig

Inktank publishing, 2018

www.inktank-publishing.com

ISBN/EAN: 9783747786031

volksthümlicher

deutscher und ausländischer Lieder,

für mittlere Stimmlage

ein- oder zweistimmig mit Clavier-Begleitung

eingerichtet und

zur Erheiterung im Familienkreise,

so wie

zur Benutzung bei dem Gesang-Unterrichte

zusammengestellt von

Carl Stein,
Königl. Musik-Director.

Zweite Auflage.

Potsdam, 1868.

Verlag der Riegel'schen Buch- und Musikalienhandlung (A. Stein).
Am Canal, № 17.

Seinem

hochverehrten Gönner und Freunde,

dem

Director des Gymnasiums zu Wittenberg,

Herrn Professor Dr. Hermann Schmidt,

zur

Erinnerung an froh verlebte Stunden

in herzlicher Liebe gewidmet.

1. Volkslied aus Thüringen.
Moderato.
L. Böhner.
1. Ach, wie ist's mög - lich dann, daß ich dich las - sen kann,
2. Blau ist ein Blü - me - lein, das heißt Ver - gißnicht-mein,
3. Wär' ich ein Vö - ge - lein, wollt' ich bald bei dir sein,
hab' dich von Her - zen lieb, das glau - be mir.
dies Blümlein leg' an's Herz und denk' an mich;
scheut' Falk und Ha - bicht nicht, flög' schnell zu dir;
Du hast die See - le mein so ganz ge-
stirbt Blum' und Hoffnung gleich, wir sind an
schöß' mich ein Jä - ger todt, fiel ich in
nommen ein, daß ich kein' An - d're lieb', als dich al - lein.
Lieb' so reich, denn die stirbt nie bei mir, das glaube mir.
dei - nen Schooß, säh'st du mich traurig an, gern stürb' ich dann.

9. Abschied von der Heimath von Disselhoff. (Westphalenlied.)
Andante.
Volksweise.
1. Nun a - de, du mein lieb
2. Wie du lachst mit dei - nes
3. Nun a - de, auch du, mein
4. Be - glei - test mich, du
Hei - mathland, lieb Hei - mathland, a - de! Es geht jetzt fort zum frem - den
Him - mels Blau! lieb Hei - mathland, a - de! Wie du grü - ßest mich mit Feld und
Dörf - lein traut, lieb Hei - mathland, a - de! Gott be - hü - te dich, du lie - be
lie - ber Fluß, lieb Hei - mathland, a - de! Bist trau - rig, daß ich wan - dern
Strand, lieb Hei - math - land, a - de! Und so sing' ich denn mit fro - hem Muth, wie man
Au, lieb Hei - math - land, a - de! Gott weiß, zu dir steht stets mein Sinn, doch
Braut! lieb Hei - math - land, a - de! Wenn ich wie - drum komm', kehr' ich bei dir ein, da
muß, lieb Hei - math - land, a - de! Vom moos' - gen Stein am wald' - gen Thal, da
cresc - en - do.
con moto.

fin - get, wenn man wan - dern thut; Lieb Hei - mathland, a - de!
jetzt zur Fer - ne zieht's mich hin. Lieb Hei - mathland, a - de!
wol - len wir bei - sam - men sein. Lieb Hei - mathland, a - de!
grüß' ich dich zum letz - ten Mal. Mein Hei - mathland, a - de!
3. Der treue Johnie.
Andantino semplice amoroso.
Beethoven.
1. O, wann kehrst du zu - rück,
2. Dann bläst der kal - te Nord,
3. Dann willst du sein bei mir,
4. Ach schei - den wie - der wir,
mein treu - er John - nie,
o, wann kehrst du zu - rück?
dann bläst der kal - te Nord!
dann willst du sein bei mir,
ach schei - den wie - der wir!
Ped.
pp
Ped.

1*

„Wenn das Korn ist ein-ge-bracht und ver-welkt der Blät-ter Pracht,
„Birgt Ge-wöl-ke auch den Tag, kaum den Weg ich fin-den mag,
„Wär' es auch in heil'-ger Nacht, wo manch' grau-ser Spuk er-wacht,
„Nein, so lang' mein Au-gen-licht, spie-gelt mir dein lieb Ge-sicht,
dann kehr' ich zu-rück,
komm' ich doch zu dir,
komm' ich doch zu dir,
schei-den nim-mer wir,
mein sü-ßes Lieb-chen,
dann kehr' ich zu-rück."
komm' ich doch zu dir."
komm' ich doch zu dir."
schei-den nim-mer wir!"
cresc.
p
Ped.
Fine.

4. Haidenröslein von Göthe.
Lieblich.
F. Schubert.
1. Sah ein Knab' ein Rös - lein stehn, Röslein auf der Hai - den, war so jung und mor - gen - schön, lief er schnell, es nah zu sehn, sah's mit vie - len Freu - den.
2. Kna - be sprach: ich bre - che dich, Röslein auf der Hai - den! Röslein sprach: ich ste - che dich, daß du e - wig denkst an mich, und ich will's nicht lei - den.
3. Und der wil - de Kna - be brach's Röslein auf der Hai - den! Röslein wehr - te sich und stach, half ihr doch kein Weh und Ach, mußt' es e - ben lei - den.
crescendo.
Röslein, Röslein, Röslein roth, Röslein auf der Hai - den.

5. Aennchen von Tharau von Herder (nach S. Dach).
Volksweise.
Mäßig.
1. Aenn - chen von Tha - rau ist, die mir ge - fällt, sie ist mein Le - ben, mein Gut und mein Geld.
Aenn - chen von Tha - rau hat wie - der ihr Herz auf mich ge - rich - tet in Lieb' und in Schmerz.
2. Recht als ein Pal - men - baum ü - ber sich steigt, hat ihn erst Re - gen und Sturmwind ge - beugt,
so wird die Lieb' in uns mäch - tig und groß nach manchem Lei - den und trau - ri - gem Loos.
3. Würd - est du gleich ein - mal von mir ge - trennt, leb - test da, wo man die Son - ne kaum kennt:
ich will dir fol - gen durch Wäl - der und Meer, Ei - sen und Ker - ker und feind - li - ches Heer.
Aenn - chen von Tha - rau, mein Reichthum, mein
Aenn - chen von Tha - rau, mein Licht, mei - ne
1. u. 2. Gut, du mei - ne See - le, mein Fleisch und mein Blut!
3. Sonn'! mein Le - ben schließ' ich um dei - nes her - um.

8. Lang' ist es her. Long ago.

Moderato.

Irisches Volkslied.

1. Weißt du wohl noch, was du einst mir gesagt, lang' ist es her, lang' ist es her, als du so schüchtern dein Leid mir geklagt, lang', ach gar lang' ist es her. Nimmer vergiß ich die

2. Sing' mir noch einmal den holden Gesang, lang' ist es her, lang' ist es her, der einst so lieblich zum Herzen mir drang, lang', ach gar lang' ist es her. Ach, jeder Ton hat dein

1. Don't you remember the paths where we met long, long ago. long, long ago. Ah then you told me you never would forget, long, long ago, long ago. Now that you've come all my

2. Tell me the tales that to me were so dear long, long ago. long, long ago. Sing me the Song I de-lighted to hear, long, long ago, long ago. Now you are here all my

se - li - ge Zeit, da du voll Treue dein Herz mir geweiht; ach je - nes Glü - ckes ge-
Wort mir er - neut, daß du voll Treue dein Herz mir geweiht, nim - mer vergeß ich die
grief is removed, let me for-get that so long you have loved, still let me think that you
grief is removed, and I'll for-get that so long you have loved, still I will think that you
denk' ich noch heut, lang', ach gar lang' ist es her.
se - li - ge Zeit, lang', ach gar lang' ist es her.
love as you loved long, long ago, long a - go.
love as you loved long, long ago, long a - go.
7. Abschied vom Rhein.
Einfach und innig.
Volkslied.

1. 2. 3. 4. A - de, es muß geschieden sein!
Leb' wohl, du schönes Land am Rhein! Es
O kla - rer Strom, wie glänzt so rein dein
Füll' ein - mal noch, o goldner Wein, das
Lebt, Freun - de, wohl am grünen Rhein! Auf
muß den dir ge - schieden sein!
Spie - gel in dem Sonnen - schein!
Glas mit deinem Duft so fein.
Wie - der - sehn, gedenk - et mein!
A - de! A - de!
Vom Land am Rhein ge-
O Glanz, so rein im
O gold - ner Wein, o
Am grü - nen Rhein ge-
schie - den sein.
Son - nen schein!
Duft so fein!
den ket mein!
A de! A de! Wir
p
pp
tr
mf

8. Romanze aus »Der Maurer.«

von Gefürchteten Drach
p cresc.
p cresc.
f
Andante.
1. Mich hast du zwar ge-
2. Der Sul tan, von Wuth ge-
loco.
p
fan - gen, doch das Herz blei - bet mein.
blen - det, stößt den Dolch ihr in die Brust.

Reich - thum sollt' ich ver - lan - gen! beglückt doch Treu - e al-
Doch, ob' Jel - wi - re en - det, wie - der - holt sie in hoher

lein, nicht Gold kann mich er - wer - ben, für
Lust; mag Blut die Er - de fär - ben, für

Na - dir glüh'n die Trie - be; viel leich - ter ist, zu
Na - dir glüh'n die Trie - be; viel sü - ßer ist, zu

ster - ben, als le - ben oh - ne Lie - be.
ſter - ben, als le - ben oh - ne Lie - be.
dolce.

9. Kathleen Mavourneen.
Irisches Volkslied.
1. Kath - leen Mavour - neen!
2. Kath - leen Mavour - neen! ach
1. Kath - leen Mavour - neen! the
2. Kath - leen Mavour - neen! A-
rilard.
Mor - gen schon däm - mert, vom Hü - gel er - tö - net des Jä - gers
grey dawn is brea - king. The horn of the Hunter is heard on the
wake from thy slumbers. The blue mountains glow in the Suns golden
hill. The lark from her light wing the bright dew - is shaking, oh
light. Ah! where is the spell that once hung on my numbers. Ah

Kathleen Mavourneen, du schlum - merst noch. Ach, hast du ver-
tönt mei - ne Stimme dir zum letz - ten Mal. Ma - vour - neen, Ma-
Kathleen Mavourneen! what slum - bring still. Oh hast thou for-
rise in thy beauty thou star of my night. Ma - vour - neen, Ma-

gef - sen, wie bald schlägt die Stunde, die Stun - de der Tren - nung, o
vour - neen, die bit - ter - sten Thränen ver - gie - ße ich hier für die
got - ten how soon we must sever? Oh hast thou for - got - ten this
vour - neen my sad tears are falling. To think that from E - rin and

bit - te - rer Schmerz! | Ich schei - de für Jah - re, vielleicht gar für
Hei - math und dich. |
day we must part. | It may be for years and it may be for
thee I must part. |

im - mer, drum ein Wort des Tro - stes, ein Wort nur für mich! Ich
e - ver, oh! why art thou si - lent thou voice of my heart. It
schei - de für Jah - re, viel - leicht gar für immer, drum ein Wort des
may be for years and it may be for ever, then why art thou
Tro - stes, Kathleen Ma - vourneen!
si - lent, Kathleen Ma - vourneen!
tranquillo.

10. So falte deine Hände ic. von Siebel.

rit.
lau schen wie die Her zen aus ih ren Tie fen
p rit.
cresc.
a tempo. p cresc.
grü ßen. Die Blu - men sind nun schla fen! du
p a tempo.
cresc.
p
mei - ne schön - ste Blum', du öff - nest mir des Her - zens ge-
p
cresc.

pp

weih - tes Hei - lig - thum. Es stei - gen heil - ge En - gel aus

cresc.

dei - nes Bu - sens Tie - fen und sin - gen Lie - bes - lie - der, die

dimin.

p

tief im Her - zen schlie - fen. Und

3*

cresc.
Klang, ich
cresc.
Ped.
cresc.
lang; O
f
Ped.
e · wig möcht' ich
pp
pp

lau - sche und dann wie - der ich dir ins

Ped. * Ped. * Ped. *

rit. Au - ge se - he.

rit. p

pp Ped.

11. Der Tiroler und sein Kind.

Langsam. Volkslied.

1. Wenn ich mich nach der Heimath sehn', wenn
2. Ja, als die Mut - ter ging zur Ruh' und
3. Da freu' ich mich in sel' - ger Lust, mein

p

wie im Aug' die Thränen steh'n, wenn's Herz mich drückt halt gar so schwer, dann fühl' ich's Al - ter um so
ich ihr drückt die Au - gen zu, wie war das Herz so thränenreich, wie stand ich da vor Leid so
lie - bes Kind an mei - ner Brust, ich ruf' die Ju - gendzeit zurück, Er - inn'rung ist mein größtes
mehr. Und's wird nur leich - ter mir um's Herz, fühl' we - ni - ger den stil - len Schmerz. Wenn
bleich; doch der dort kennt das Her - ze - leid, und gab zum stil len Trost mir Freud'. Wenn
Glück. So leb' ich halt und wart' voll Ruh', bis der dort o - ben mir ruft zu: Komm
ich zu mei - nem Kin - de geh', aus ih - rem Aug' die Mutter seh'; wenn ich zu meinem
ich zu mei - nem Kin - de geh', aus ih - rem Aug' die Mutter seh'; wenn ich zu meinem
rauf! von dei - nem Kin - de geh', bei mir die Mut ter wieder seh'; komm' rauf! von deinem

Kin - de geh', aus ih - rem Aug' die Mutter seh'!
Kin - de geh', aus ih - rem Aug' die Mutter seh'!
Kin - de geh', bei mir die Mutter wieder seh'!
p
pp
dolce.
morendo.

19. Schlaf wohl! von C. Beck.
C. Klein.
Sanft getragen.
p
1.-3. Schlaf wohl! schlaf wohl!
pp
mf
1. Du bist ja se - lig, sanf - te Taube, nicht feind ist dir des Grabes Nacht, von al - len
2. Du sprachst mir viel und sprachst mir wieder vom Himmelreich und sei - ner Ruh: und schlossest
3. O, könnt' ich dich noch ein - mal fassen, mein Herz an dei - nes fest ge - preßt! Dem Sünder
p

rallent.
Träu - men hat der Glau - be den herr - lich - sten dir zu - ge - dacht.
3. Schlaf
doch die Au - gen li - der und schlossest mir den Himmel zu.
wird die Schuld er - las - sen, hält ihn ein Kind, ein Engel fest.
a tempo.
rallent.
pp
wohl!
Schlaf wohl!
pp
Allegretto.
Ständchen von Shakespeare.
Fr. Schubert.
p

Fine.
1. Horch, horch, die Lerch' im Ae - therblau, und Phö - bus neu er-
2. Wenn schon die lie - be gan - ze Nacht der Ster - ne lich - tes
3. Und wenn dich al - les das nicht weckt, so wer - de durch den
pp
weckt, tränkt sei - ne Ros - se mit dem Thau, der Blu - men - kel - che deckt, der
Heer, hoch ü - ber dir im Wechsel wacht, so hof - fen sie noch mehr, so
Ton der Minne zärt - lich auf - geweckt! O, dann er - wachst du schon, o,
Blu - men - kel - che deckt. Der Rin - gel - blu - me Knos - pe schließt die gold' - nen Aug - lein
hof - fen sie noch mehr, daß auch dein Au - gen - stern sie grüßt; er - wach'! sie war - ten
dann er - wachst du schon. Wie oft sie dich an's Fen - ster trieb, das weiß sie; drum steh'

auf; mit al - lem, was da rei - zend ist: du sü - ße Maid, steh'
drauf, weil du doch gar so rei - zend bist, du sü - ße Maid, steh'
auf; und ha - be dei - nen Sän - ger lieb, du sü - ße Maid, steh'
cresc.
auf, mit al - lem, was da rei - zend ist:
auf, weil du doch gar so rei - zend bist,
auf, und ha - be dei - nen Sän - ger lieb,
du sü - ße Maid, steh'
cresc.
f
decresc.
cresc.
f
auf, steh' auf, steh' auf, du sü - ße Maid, steh' auf, steh'
f
decresc.
cresc.
f
decresc.

14. Arie aus der Oper »Iphigenia in Tauris.«

Grazioso lento. Gluck.

4*

lie - bes Bild schwebt mir vor, meinem Her - zen den Trost zu schen - ken. Welch' ein
Traumbild ist die - sem gleich, doch fliehend ent - eilt mir es wie - der!
Ar - me! ach nur im Schatten - reich sie - hest du deinen Freund, sie - hest du deinen

Bruder wie - der!
15. Die blauen Glöckchen von Schottland.
Schottisches Volkslied.
1. „Wo - hin zog, o
2. „O, wo ist, o,
3. „In welch' ein Kleid denn ge -
4. „Ach denk' nur, ach
zog dein Hochlandsbursch da - von?" „In den Kampf mit Frankreichs Sohn, für König George auf sei - nen
wo deines Hochlandsburschen Haus?" „Sein Haus ist in lieb Schottland, in dem Blu - men - glöcklein
kel - det dein Hochlandsbursche geht?" „Seine Mütze, die ist von Tartan grün, und sein Brustlatz, der ist von
denk' nur, wenn dein Hochlandsbursche fiel?" „Ich setz' mich hin und wein - le bei der Trau - er - pfei - fer

Thron. Und, o, wünscht mein Herz, wär' er doch zu Hau - se schon!"
Strauß. Und, o, aus dem Her - zen kommt er mir nie her - aus."
Plaid, und im - mer mein Herz nach dem Hoch - landsbur - schen steht."
Spiel, vor Schmerz bräch' mein Herz, wenn er fiel, wenn er fiel."
26. Das Mailüfterl.
Gemüthlich.
Volksweise.
1. Wenn's Mai - lüf - terl
2. Und blühn a mal
3. Jed's Jahr kommt der
weht, geht im Wald drauß' der Schnee, da hab'n blau - e Vei - gerln die Köp - ferl in
d'Ro - sen, wird's Herz nim - ma trüb', denn d'Ro - sen - zeit ist ja die Zeit für die
Früh - ling, ist d'Winter vor - bei; der Mensch a - ber hat nur an ein - zi - gen

più moto -
d'Höh'! Und Vö - gerl, die g'schlaf'n hab'n durch d'Win - ters - zeit, die wer'n wie - der
Lied'! Nur d'Rosen, die blüh'n schön frisch al - le Jahr; doch d'Lieb' blüht a-
Mai. Die Schwalb'n flie - gen weit fort, doch zieh'n wieder her; der Mensch, wenn er
accelerando.
à tempo.
mun ter, die wer'n wie - der mun - ter, die wer'n wie - der mun - ter und sin - gen voll
mol, doch d'Lieb' blüht a - mol, doch d'Lieb' blüht a - mol und no - der ist's
fort geht, der Mensch, wenn er fort geht, der Mensch, wenn er fort geht, der kommt nim - mer-
Freud', die wer'n wie - der mun - ter und sin - gen voll Freud'!
gar; doch d'Lieb' blüht a - mol und no - der ist's gar.
mehr; der Mensch, wenn er fort geht, der kommt nim - mer - mehr.

17. Der Jäger und sein Lieb.
Sehr bewegt.
1. Es blies ein Jäger wohl in sein Horn,
2. Des Jä - gers Locken - der Hörnerklang
3. Er drückt das Händchen so weich und zart.
4. Die Vol - ke pranget im grünen Kranz,
trara, trara, trara!
und
ihr
er
die
wandel - te stil - le durch Dickicht und Dorn,
tief hin - ein in die See - le drang,
küßt ihr die Lippen nach Jä - gerart,
Hörner sie la - den zum Hoch - zeittanz,
trara, trara, trara!
Er schoß nicht Ha - sen, nicht
Sie hüpft hinaus, wo das
Und woll - test du wohl die
Es ru - he - te wohl so
rallent.
Hühner, noch Reh', denn ach! im Herzen war ihm so weh!
Hüfthorn erschallt, hin - aus, hinaus in den grü - nen Wald.
Jä - ge - rin sein, du ro - senro - thes Herz - lieb - chen mein?
lie - bewarm die Jä - gerin in des Jä - gers Arm,
Trara, trara, trara, trara, tra-

ra, trara, trara!
seit - dem er das Mägdelein sah, seit - dem er das Mägdelein sah.
O Jä - ger, dein Liebchen ist da, o Jä - ger, dein Liebchen ist da!
Das Mägde - lein lis - pel - te: ja, das Mägde - lein lis - pel - te: ja.
weiß nicht, wie ihr geschah, weiß nicht, wie ihr geschah.
pp
Des Sommers letzte Rose.
Langsam.
Irländisches Volkslied.
1. Letz - te Ro - se, wie
2. Warum blühst du so
magst du so ein - sam hier blühn? Dei - ne freund - li - chen
trau - rig im Gar - ten al - lein? Selbst im Tod mit den

Schwe - stern sind längst, schon längst da - hin. Kei - ne Blü - the haucht
Schwe - stern, den Schwestern ver - ei - nigt sein. Darum pflück' ich, o
Bal - sam mit la - ben - dem Duft, kei - ne Blätt - chen mehr
Ro - se, vom Stam - me dich ab, sollst ruhn mir am
flat - tern in stür - mi - scher Luft.
Her - zen und mit mir im Grab.
pp

19. Auf dem Berge. (Aus dem Schwedischen von Dohrn.)

„Lindblad." (Schwedische Lieder.)

Au-ge lacht, wo das Hüttchen steht, drinn mein Liebchen geht, das mir im Her - zen e-wig steht.
con espressione.
p
doch ahnt sie nicht die Gluth so heiß, um die nur Hain und
à piacere.
Echo weiß, wenn Zephyr nicht, wenn Bächlein nicht verrathen, was mein Herze spricht, ach
pp
con espressione.
e colla parte.

ritard.
à tempo.
nein, denn einsam hier auf dieser Hö - he, ruh' ich sinnend manchesmal und lau - sche still und
fp
cresc.
se - lig dort hinab in's dunkle Thal. Wo der Wald so blau
dolce. p
kränzt die Blu - menau, da - hin, da - hin geht der Augen liebster
cresc.
dimin.
p

Schau!
Schau!
Wanderschaft von Geibel. (Zweistimmig.)
Munter.
Volksweise.
1. Der Mai ist gekommen, die Bäume schlagen aus, da bleibe, wer Lust hat, mit Sorgen zu Haus; wie die
2. Frisch auf drum, frisch auf drum im hellen Sonnenstrahl, wohl über die Berge, wohl durchs tiefe Thal! die
3. O Wandern, o Wandern, du freie Burschenlust! da weht Gottes Odem so frisch in die Brust; da

scendo.
Wol - ken dort wan - dern am himm - li schen Zelt, so steht auch mir der
Quel - len er - klin - gen, die Bäum' rau - schen all; mein Herz ist wie 'ne
sin get und jauch - zet das Herz zum Him - mels - zelt: wie bist du doch so
Sinn in die weite, wei - te Welt.
Ler - che, und stimmet ein mit Schall.
schön, o du weite, wei - te Welt!
1. 2. 3.
ff
Sehnsucht von Eichendorff.
Volksweise.
1. Es schienen so gol - den die Ster - ne, am Fenster ich ein - sam stand, und hörte aus
2. Zwei junge Ge - sel - len gin - gen vor - über am Ber - ges - hang, ich hörte im
3. Sie sangen von Mar - mor bil - dern, von Gärten, die überm Ge - stein in dämmernden

wei - ter Fer - ne ein Posthorn im stil - len Land. Das Herz mir im Leib ent-
Wandern sie sin - gen die stil - le Gegend ent - lang: von schwindelnden Fel - sen-
Lau - ben ver - wil - dern, Pa - lä - sten im Mon - den - schein; wo Mädchen am Fen - ster
bran - te, da hab' ich mir heimlich ge - dacht: ach, wer da mitrei - sen könn - te in der
schlüf - ten, wo Wäl - der rauschen so sacht, von Quel - len, die von den Klüf - ten sich
lau - schen, wenn Lau - ten - klang er - wacht, und Brunnen ver - schla - fen rau - schen in der
präch - ti - gen Sommer - nacht!
stürzen in Waldes - nacht.
präch - ti - gen Sommer - nacht.

Robin Adair.

Langsam. Schottisches Volkslied.

42
Arie aus »Don Juan.«
Andante.
Mozart.
mezza voce.
Wenn du fein
fromm bist, will ich dir hel - fen, ich weiß ein Mit - tel, für al - les gut.
Es schmeckt so lieblich,
und hilft so plötzlich. Du sollst dich

wundern, wie wohl dir's thut, ja! wie wohl dir's thut, ja! wie wohl dir's thut —! Ach, das ver-

thei-let, lindert und hei-let al-le Be-klemmung in ei-nem Nu!

Soll ich dir's nennen?
Dein Händchen her! Räthst du heute denn so

schwer - ?
Fühlst du, wie's klopfet hier?
das hel - fe dir! fühlst du, wie's klopfet hier? fühlst du, wie's klopfet hier?
mf
p
mf
p
das helfe dir! fühlst du, wie's klopfet hier? fühlst du, wie's klopfet hier? fühlst du, wie's klopfet hier?
tr
mf
p
mf
p

das helfe dir! hier! hier! fühlst du, wie's klop - fet hier? wirst du's nun
kennen? brauch' ich's zu nennen? das helfe dir, das, das helfe dir!
23. Lebewohl.
Zart und innig.
Volkslied.
1. Lebe wohl, lebe wohl, mein Lieb, muß noch heu - te
2. Eine Blüth', eine Blüth' mir brich von dem Baum im
3. Nun a - de, nun a - de, leb' wohl! ich komm' nicht mehr
4. Wollte Gott, wollte Gott es noch, daß mir und einst

schei - den, ei - nen Kuß, ei - nen Kuß mir gieb!
Gar - ten; kei - ne Frucht, kei - ne Frucht für mich,
wie - der, sei ge - trost, sei ge - trost und hoff',
se - hen, o so wird, o so wird es doch
muß dich e - wig mei - den!
darf sie nicht er - war - ten.
hoff' auf mei - ne Brü - der!
si - cher einst ge - sche - hen.
rallent.
25. Mein Liebchen, was willst du noch mehr?
Moderato.
Nach dem Volksmunde.
1. Du hast ja Di - man - ten und Per - len,
2. Auf dei - ne schö - nen Au - gen
3. Mit dei - nen schö - nen Au - gen

96. Erinnerung von A. Nirndorf.

an, wo mag sie sein, die ich so hold und schön im Hain gar oft ge-
sehn? Nun fällt so gelb und matt vom Baume Blüth' und
Blatt; der Herbst zog an sein Trau erkleid. Sie a - ber, sie entfloh, sie
pp
cresc.

pp
con
a - ber, sie entfloh zur Stadt so leicht und froh, zur Stadt so leicht und froh und
cresc.
p
espressione.
ließ mich hier in Leid. Und bist du mir auch fern, du bleibst mein schöner
Stern, ich lie - be dich in Freud' und Leid. Und bist du mir auch fern, du

27. Arie aus der Oper: »Je toller je besser.«

Allegretto. Mehul.

1. Schon in des Le-bens Blüthen-mal ward ich dem Kummer preisge-
2. Ward ich als Raub für ew'gen Schmerz, vom strengen Schicksal aus-er-
3. Ha, wel-che Stim-me hört mein Ohr als Bo-tin se-li-ger
ge-ben, un-ter der Last der Trau-ern vertrau'r' ich seit Jah-ren mein Le-ben.
ko-ren? Nein, denn schon lan-ge sagt mir's Herz, ich bin für die Freude er-ko-ren.
Freuden? Es steht ein Glück mir bald be-vor nach all' meinen zahllo-sen Lei-den.
Ihr, die ihr Ge-fühl habt wie ich, herbei, her-bei und ret-tet mich, herbei her-

7*

bei und ret - tet mich, herbei, herbei und ret - tet mich, her - bei, her bei
ja ret - tet mich!
99. Wohin mit der Freud'? von Reinick.
Freudig bewegt.
Nach Silcher.
1. Ach, du klar blau - er Himmel und wie schön bist du heut! möcht' an's Herz gleich dich
2. Ach, du licht grü - ne Welt und wie strahlst du voll Lust! und ich möcht' mich gleich
3. Und da sah ich mein Lieb unterm Lin - denbaum stehn, war so klar wie der

scendo. *p* *ri-tar-dan-do.*

brü-cken vor Ju-bel und Freud', A-ber s'geht doch nicht an, denn du bist mir zu
wer-fen dir voll Lieb' an die Brust; a-ber s'geht doch nicht an, denn du bist ja mein
Himmel, wie die Er-de so schön! und wir küß-ten uns beid', und wir san-gen vor

ritard.

f a tempo. *mf ritard.* *f a tempo.* *ritard.*

weit, } und mit all' meiner Freud', was fang' ich doch an? und mit all' meiner Freud', was fang' ich doch an?
Leib, }
Lust, und da hab' ich ge-wußt: wo-hin mit der Freud', und da hab' ich ge-wußt, wo-hin mit der Freud'.

a tempo. *mf rit.* *a tempo.* *ritard.*

29. Gut' Nacht! (Zweistimmig.) Nach Silcher.

Con moto.

1. Gut' Nacht, gut' Nacht, mein
2. Schlaf wohl, schlaf wohl und
3. Es singt im Busch die

p

sei - nes Lieb, gut' Nacht, schlaf wohl, mein Kind! gut' Nacht, gut' Nacht, mein
träum' von mir, träum' von mir heu - te Nacht! schlaf wohl, schlaf wohl und
Nach - ti - gall im kla - ren Mon - den - schein; es singt im Busch die
Solo. dolce.
sei - nes Lieb, gut' Nacht, schlaf wohl, mein Kind! daß dich die En - gel
träum' von mir, träum' von mir heu - te Nacht! daß wenn ich auch da
Nach - ti - gall im kla - ren Mon - den - schein; der Mond schaut in das
dolce.
a due.
hü - ten all', die in dem schö - nen Him - mel sind, gut' Nacht, gut' Nacht mein
schla - fen thu', mein Herz um dich, fein's Lieb, doch wacht, daß es in lau - ter
Fen - ster dir, guckt in dein stil - les Käm - mer - lein, der Mond schaut dich im

30. Liebesqual.

84. Das Geheimniß.

Moderato. — C. F. J. Girschner.

28. Das Veilchen im Thale von Fr. Kind.

Andante con moto. C. M. v. Weber.

guckt es aus dem Moo - se, in sei - nem gold - nen Schoo - ße blickt
dort in lau - ern Jo - nen, in Blu - men - hü - geln woh - nen, wo
von des Bu - sens Klop - fen, ent - fiel des Thau - es Trop - fen; wie
Sitz der Len - zes lüf - te der haucht es sei - ne Düf - te am
Thau so hell und rein, wie flüss' - ger E - del - stein.
nie der Schnee ver - geht, doch ew - ger Früh - ling weht.
schö - re Stel - le fand der reich - ste Di - a - mant.
rein - sten Son - nen - strahl, und starb im schön - sten Thal.
33. Arie von Stradella aus dem Jahr 1667.
Andantino.
pp

Wenn ich durch Kla - gen,
wenn ich durch Klagen
Se i miei sos - pi - ri,
se i miei sos - pi - ri,

ihr Herz er - weichen kann, wenn ich durch Kla - gen ihr Herz er - wei - chen kann,
oh Dio! placasse - ro, se i miei sos - pi - ri oh Dio! pla - cas - se - ro,
l'em - pio sem - bian - te che m'al - let - ta: tut - ti i marti - ri,
cresc.
will ich er - tra - gen, kein Lei - den schreckt mich dann, ja dann mag
tut - ti i mar - ti - ri che mor - te das - se - ro, sempre co - stante,
pp
sf
p
f

der Tod mir nah'n. Die herb-sten Pla-gen will ich er - tra-gen,
io sof - fri - rò. Tut - ti i mar - ti - ri che mor-te dasse-ro,
cresc.
ritard.
a tempo.
ja dann mag sel der, ja dann mag sel - ber der Tod mir nah'n.
sempre co - stan - te, sempre co - stan-te io sof - fri - rò.
a tempo.
cresc.
colla voce.
O Him - mel! o Him - mel! ja dann mag sel - der,
Oh, Di - o! oh Di - o! sempre co - stan - te,
espress.
mf

ritard.
a tempo.
ja dann mag sel - ber der Tod mir nah'n, der Tod mir nah'n.
sempre co - stante io sof - fri - rò, io sof-fri - rò.
a tempo.
colla voce.
Fine.
Wenn ich durch Kla-gen, wenn ich durch Kla -
Se i miei sos-pi-ri, se i miei sos - pi -
gen, ihr Herz er - weichen kann, und mir ihr Lä - cheln, und mir ihr Lä - cheln
ri, oh Dio! pia - cesse - ro, l'empio sembian-te, l'empio sembiante,

Mit - leid der Sün - der, die herb - sten Pla - gen will ich er - tra - gen, kein
che m'af - lit - ta, tut - ti i mar - ti - ri, tut - ti i mar - ti - ri, che
dimin.
p
Lei - den schreckt mich dann, ja dann mag sel - ber der Tod mir
mor - te das - se - ro, sempre co - stan - te io sof - fri -
cresc.
sf
p
nah'n, der Tod mir nah'n. Wenn ich durch
rò, io soffri - rò. Se i miei sos-
sf
p
Dal segno al Fine.

34. Trockne Blumen von W. Müller.
Ziemlich langsam.
Fr. Schubert.
Ihr Blümlein al - le, die sie mir gab, euch soll man legen mit mir in's Grab. Wie

seht ihr al - le mich an so weh, als ob ihr wüßtet, wie mir ge - scheh'! Ihr Blümlein al - le, wie

welk, wie blaß! ihr Blümlein al - le, wo von so naß - ?
Ach, Thränen machen nicht

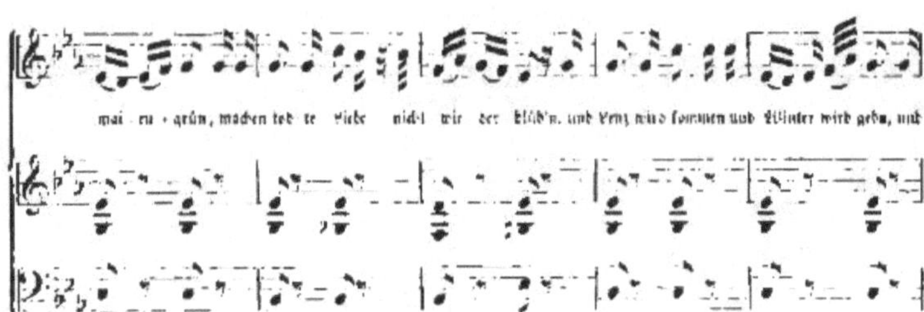
mai - en - grün, machen tod - te Liebe nicht wie der blüh'n, und Lenz wird kommen und Winter wird gehn, und

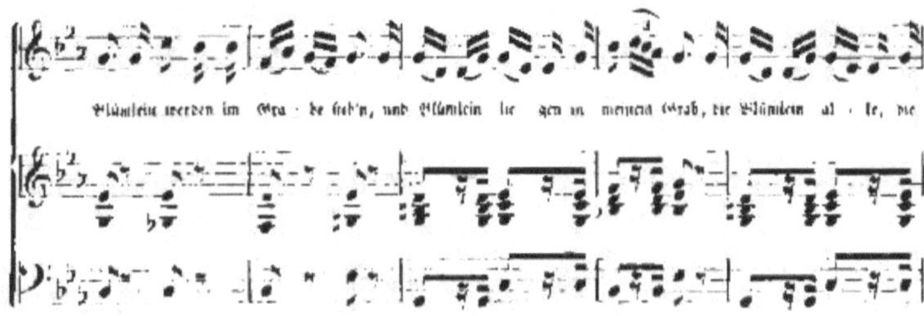
Blümlein werden im Gra - be steh'n, und Blümlein lie - gen in meinem Grab, die Blümlein al - le, die

sie mir gab.
Und wenn sie wandelt am Hü - gel vorbei und

cre - scen - do.
denkt im Her - zen, der meint es treu! dann, Blüm - lein, al - le her - aus, her - aus, der
fp
fp
Mai ist ge - kom - men, der Win - ter ist aus,
Und wenn sie wandelt am
f
f
pp
Hü - gel vorbei, und denkt im Her - zen, der meint es treu! dann Blüm - lein al - le, der
fp
fp

cre - scen - do.
aus, heraus, der Mai ist ge-kom-men, der Win-ter ist aus, dann Blüm-lein al-le, her-
aus, heraus, der Mai ist ge-kom-men, der Win-ter ist aus!
Freierei
Allegretto.
Lindblad.
1. „Ach, Bet-ty,
2. „Ach, Bet-ty,
3. „Ach, Bet-ty,

Au - gen Strahl durchstach mein ar - mes Herz; längst weißt du schon um mei - ne Qual, gieb Ant - wort
Sommers nach, da ging's so lu - stig zu, da sag - test ei - nes Tag's du doch, ant - wor - ten
grau - sam bist, du sorgst mich all - zu - sehr! nun seh' ich wohl, was Ur - sach ist, ein An - drer
mei - nem Schmerz!" Ach, Herzenshans, ich glaub' es dir, und mehr und mehr gefällst du mir — doch
woll - test du!" Ach, Herzenshans, das ist ganz wahr, ich war die Tri - ne auf ein Haar — doch
gilt dir mehr!" Nein, Herzenshänschen, hö - re mich, soll ich wen nehmen, nehm' ich dich — doch
„ja" zu sa - gen, macht mir Pein, ver - steh', ich sa - ge d'rum nicht nein, und da - rum wieder-
Hans und Pe - ter, Veit und Knab, euch Al - len bin ich et - was gut, und da - rum wieder
ich, wenn du mich fragst auf's Blut, bin ei - gent - lich wohl Kei - nem gut, und da - rum wieder-

ho - le ich: be - den ken will ich mich!
ho - le ich: be - den ken will ich mich!
ho - le ich: be - den ken will ich mich!
Coda.
p
f
p
Lied aus der Oper »Susanne.«
Nicht schnell.
G. F. Händel.
1. Frag, ob die Ro - se süß von
2. Läßt wohl der Ad - ler auf den
3. Den Hel - den freu - et blut - ge
p
crescendo.
pp

Duft, die rings-um würzt die Luft; o frag' und laß es dir gestehn, wie
Höh'n die Bräu-te sich ent-geh'n? Tönt nicht der Vö-gel Lied im Mai? So
Schlacht, den Mächt'gen Glanz und Pracht; des Sän-gers soll der Lor-beer sein, du
du so hold und schön, wie du so hold, so hold und schön, wie die-se
fest steht mei-ne Treu'; so fest, so fest steht mei-ne Treu', so fest steht
bist nur e-wig mein; du bist, du bist nur e-wig mein, du bist nur
hold und schön! O frag' und laß es dir ge-steh'n, wie du so hold und
mei-ne Treu! Tönt nicht der Vö-gel Lied im Mai? so fest steht mei-ne
e-wig mein! Des Sän-gers soll der Lor-beer sein, du bist nur e-wig

mf

schön! O frag' und laß es dir ge - steh'n, wie du so hold und schön, wie
Treu! Tönt nicht der Vö - gel Lied im Mai? so fest steht mei - ne Treu, so
mein! Des Sän - gers soll der Lor - beer sein, du bist nur e - wig mein, du

cresc. mf

du so hold und schön!
fest steht mei - ne Treu!
bist nur e - wig mein!

87. Die Heimath von C. Müller. (Santa Lucia.)

(Zweistimmig.)

Andantino. Volksweise aus Neapel.

p

1. Schön sind I - ta - li - ens son - ni - ge Felder; lauschig wie nir - gends, duftig die Wälder.
2. Vö - gel, sie wan - dern still in die Ferne, singend in's Heimathland kehren sie gerne;
3. Ja, nur die Heimath giebt se - li - gen Frieden, möchte für immer nicht haben den Süden.
1. Sul ma-re luc-ci-ca l'astro d'argento placi - da è l'on - da prospere'll vento:
2. O dol-ce Na-po-li o suol be-a-to o-ve sor-ri-de-re volle il cre-a-to;

p

f più moto.
A - ber die Heimath ist dennoch mir lie - ber, und nach ihr zieht es immer mich
su - chen der Jugend - zeit Plätze sich wie - der, wei - len dem Wieder - sehn munte - re
zie - hen auch Stürme kalt ü - ber die Au - en, mag nur im Heimathland Hütten mir
venite all' a - gi - le barchetta mi - a Santa Lu - ci - - a! Santa Lu-
tu se i l'impe - ro dell' armo - ni - a: Santa Lu - ci - - a! Santa Lu-
f più moto.
wieder; a - ber die Heimath ist dennoch mir lie - ber, und nach ihr zieht es immer mich
Lieder, suchen der Jugend - zeit Plätze sich wie - der, wei - len dem Wiederseh'n munte - re
bauen, ziehen auch Stürme kalt ü - ber die Au - en, mag nur im Heimathland Hütten mir
ci - a! Venite all' a - gi - le barchetta mi - a, Santa Lu - ci - a! Santa Lu-
ci - a! Tu se i l'impe - ro dell' armo - ni - a: Santa Lu - ci - a! Santa Lu-
wieder.
Lieder.
bauen.
ci - a!
ci - a!

88. »Ich hab' dich einst geliebet.« Aus dem Italienischen von F. Wenitky.
Moderato.
Neapolitanische Weise.
1. Ich hab' dich einst ge - lie - bet, und lie - be dich noch heut', — du schlägst mir ei - ne
2. Und im - mer dich im Her - zen, seufz' ich umsonst nach Ruh', — dir flie - gen mei - ne
Wun - de, die hei - let kei - ne Zeit. Und Tag und Nacht in Flam - men ver-
Wün - sche, die all' mein Den - ken zu. Wo - hin ich seh' und schau - e, ich
zehrt mich Lie - besgluth, im wei - ten, wei - ten Meer der Lie - be sinkt al - ler Le - bens-
wünsch' kein' An - dre mir, nur du, nur du bist mei - ne Won - ne, ich ster - be ger - ne

30. Ständchen von A. Müller. Canzonetta veneziana.

Volksweise.

hö - re, o hö - re, mein Herz ver - ge - het vor Schmerz, noch
Rei - ne von Al - len als du kann ge - ben mir Ruh'; drum
ca - ra, mia, ca - ra mio cor no ascol - ta più a-mor. L'ha
kann es ge - fun - den, o hei - le die Wun - den, wie lan - ge schon hab' ich em-
laß dich er - wei - chen und gieb mir ein Zei - chen, laß end - lich das Ziel mich er-
trop-po sen - ti - o l'è nu - cer des - co - mi - o, no g'hè più quel bal - sa - mio,
pfun - den! Mein Mäd - chen, ver - steh'!
rei - chen! Lieb Mäd - chen, ver - steh'!
na. Ca - ti - na ca - pi.

A - ve,
cor - pus
Ma - ri - a
vir - gi -
Jung frau

ne, ve - re pas - sum
Sohn; Got - tes Lamm be
im - mo - la tum in cru - -
rab ge - stie gen an's Kreuz
ce pro ho - mi ne.
von sei - nem Thron,

*) sanguine — sprich: sang-uine.

no - bis prae - gus - ta - tum in mor - -
quell, hilf einst im Strei - te, wenn Tod —
— tis ex - a - mi - ne, in mor - -
— — auch uns um - hüllt, wenn Tod — —
— - — tis ex - a - mi - ne.
— — — auch uns um - hüllt.

41. »Mein Herz ist im Hochland« von Freiligrath.
Andante.
C. Stein.
1. Mein Herz ist im Hochland, mein Herz ist nicht hier! Mein Herz ist im Hochland, im
2. Mein Nor - den, mein Hochland, lebt wohl, ich muß zieh'n. Du Wie - ge von Al - lem, was
3. Lebt wohl, ihr Ge - bir - ge, mit Häuptern voll Schnee, ihr Schluchten, ihr Thä - ler, du
4. Mein Herz ist im Hochland, mein Herz ist nicht hier! Mein Herz ist im Hochland, im
wald'-gen Re - vier! Da jag' ich das Rothwild, da folg' ich dem Reh. Mein
stark ist und kühn! Doch wo ich auch wan - d're und wo ich auch bin, nach den
schimmern der See! ihr Wäl - der, ihr Klip - pen, so grau und be - moos't; ihr
wald'-gen Re - vier! Da jag' ich das Rothwild, da folg' ich dem Reh. Mein
Herz ist im Hochwald, wo immer ich geh'.
Hü - geln des Hochlands steht allzeit mein Sinn!
Strö - me, die ew - ig durch Felsen ihr tost!
Herz ist im Hochwald, wo immer ich geh'.

49. Grund genug.

und wem sein Schä - pel un - treu wird, der hat wohl Kreuz - ge-
nung. Wie kommt's, daß du so trau - rig bist, und gar nicht ein - mal -
lachst? Ich seh' dir's an den Au - gen an -, daß du ge - wei - net hast.
pp

43. Das Klosterfräulein von Just. Kerner.
Wehmütig.
Volksweise.
1. Ach, ach, ich armes Klo-ster-fräu-lein! o Mut-ter, was hast du ge-macht! Lenz ging am Git-ter vor-
2. Ach, ach, wie weit, weit hier un-ten zwei Schäflein ge-hen im Thal! viel Glück, ihr Schäflein, ihr
3. Ach, ach, wie weit, weit hier o-ben zwei Vög-lein flie-gen in Luft! viel Glück, ihr Vöglein, ihr
dim.
ü-ber, hat mir kein Blümlein gebracht, Lenz ging am Git-ter vor-ü-ber, hat mir kein
ha-bet den Frühling zum er-sten Mal, viel Glück, ihr Schäflein, ihr ha-bet den Frühling zum
flie-get der bes-se-ren Hei-math zu, viel Glück, ihr Vöglein, ihr flie-get der bes-se-ren
ritard.
Blümlein ge-bracht!
er-sten Mal!
Hei-math zu!
Vers 2 und 3, Takt 1.
Ach, ach, wie weit, weit hier rc.
Ach, ach, wie — — —
Vers 2 und 3, Takt 7.
Frühling zum er-sten Mal rc.
bes-se-ren Heimath zu rc.
Schluß.
er-sten Mal.
Hei-math zu
ritard.

44. »Ich werde dran gedenken« von Laur.

*) Mit freundlicher Genehmigung des Original-Verlegers, Schlesinger'sche Buch- und Musikalienhandlung in Berlin.

cresc.
ein mal reicht sie mir — die Hand; ich wer - de dran ge - den - ken im
Gott, grüß Gott, lieb Mäg - de - lein, ich wer - de dran ge - den - ken, —
cresc.
al - ler - fern - sten, fern - sten Land, ich wer - de dran ge den - ken im al - ler - fern - sten
bis ich sink' in's Grab hin - ein, ich wer - de dran ge - denken, bis ich sink' in's Grab hin-
cresc.
p
Land.
ein.
dimin.

45. Das Veilchen von Göthe.

Allegretto. *W. A. Mozart.*

her, die Wie-se her und sang.
dolce.
Ach, denkt das Veil-chen, wär' ich nur die schönste Blume der Na-tur, ach nur
ein kleines Weilchen, bis mich das Lieb-chen ab-gepflückt, und mich an's
fp
*) Man singe:
Weilchen

*) Man singe: Veilchen

rallentando.
a piacere.
a tempo.
sie, zu ihren Fü - ßen doch. - Das arme Veilchen! Es war ein herzig's Veil - chen.
dolce.
Andantino.
86. Nachtgebet von Luise Hensel.
Volksthümliche Weise.
dolce.
pp
1. Mü - de bin ich, geh zur Ruh, schließe beide Augen zu: Va - ter,
2. Hab' ich Un - recht heut' ge - than, sieh' es, lie - ber Gott, nicht an! Mach' mich
3. Al - le, die mir sind ver - wandt, Gott, laß ruh'n in dei - ner Hand! Al - le
4. Kran - ke Herzen trö - ste du, nasse Au - gen schlie - ße zu! Laß den
crescendo.
1. laß das Au - ge dein ü - ber meinem Schlummer sein.
2. ganz von Sünden rein, laß mich ganz dein Ei - gen sein!
3. Menschen, groß und klein, mö - gen dir be - foh - len sein!
4. Mond am Himmel stehn und die stil - le Welt be - sehn!
pp

33. Arie der Gräfin aus »Figaro's Hochzeit.«
Larghetto.
W. A. Mozart.

Gott der Lie - be, hö re mein Fle hen.
Por - gi a - mor qualche ris - to - ro
Sieh mein Lei den und mei nen Schmerz!
al mio duo - lo, a' miei so - pir!

Gieb, o gieb sein Herz mir wie - der,
O mi ren - di il mio te - so - re,
o - der laß mich ruh'n im Grab, o - der
o mi lascia al - men morir, o mi
laß mich ruh'n im Grab! Gott der Lie - be, hör' mein Flehen, sieh mein Leiden, mei - nen Schmerz, gieb, o
lascia al - men mo - rir! porgi amor qualche ris - to - ro al mio duolo a'miei so - pir! o mi

gieb sein Herz mir wie-der, o-der laß mich ruh'n im Grab, im
rendi il mio te-so-ro, o mi la-scia almen mo-rir, al-
Gra-be ruh'n! Gieb, o gieb sein Herz mir wie-der, o-der laß mich
men mo-rir! O ren-di il mio te-so-ro, o mi lascia al-
ruh'n im Grab!
men morir!
p

48. Abendstille von Fr. Rückert.

49. Der Hirt. (Schwedisches Lied.)

rallent.
1. klagt dir mein Leid.
2. sterb ich um dich.
1. dig — jag dör!
rallent.
a tempo.
p
50. Gott erhalte Franz ic. (Österreichische Nationalhymne.)
Con moto.
Jos. Haydn.
1. Deutsch land, Deutschland ü ber Al - les, ü ber Al les in der
2. Deut sche Frau en, deut sche Treu - e, deut scher Wein und deut scher
3. Ei nig - keit und Recht und Frei - heit für das deut - sche Va - ter-
dolce.
1. Welt, wenn es stets zu Schutz und Tru ze brü der lich zu
2. Sang sol len in der Welt be hal - ten ih ren al ten
3. land! Da - nach laßt uns Al le stre - ben brü der lich mit

cre-
1. sam-men hält, von der Maas bis an die Me-mel, von der
2. schö-nen Klang, uns zu ed-ler That be-gei-stern un-ser
3. Herz und Hand! Ei-nig-keit und Recht und Frei-heit sind des
p
cre-

scen-do.
1. Etsch bis an den Belt Deutsch-land, Deutsch-land ü-ber Al-les,
2. gan-zes Le-ben lang. Deut-sche Frau-en, deut-sche Treu-e,
3. Glü-ckes Un-ter-pfand. Blüh' im Glan-ze die-ses Glü-ckes,
scen-do.

p
1. ü-ber Al-les in der Welt.
2. deut-scher Wein und deut-scher Sang!
3. blü-he, deut-sches Va-ter-land!
(Hoffmann v. Fallersleben.)
p

51. Der rothe Sarafan. (Russisches Volkslied.)
Allegro Moderato.
Warlamoff.
p

Nä - he nicht, lieb Mütterlein, am ro then Sa ra - fan. laſ - ſe nur die

Ar beit ru - hen, die nichts nü tzen kann Tochter, gu - te Toch ter, komm, setz' dich her zu mir, -

bleibst nicht immer jung, die Zeit, die eilt mit dir; wenn du fröhlich sin gest wie ein Vö ge

13*

sein, — um die Blumen schlingest, e - wig kann's nicht sein. Zei - ten wer - den kom - men,

wo die Lust entflieht, wo die Gluth der Wan gen, ei lend von dir geht, wo die Gluth der

Wan - gen ei - lend von dir zieht. Ich auch hab ge sun gen, doch nur all - zu

ritard.
a tempo.
bald ist mein Lied
und nun bin ich alt:
doch ich denk' der Jugend - lie - der, seh' ich,
ritard.
a tempo.
Kind, dich an, zur Er - inn'rung näh' ich wie - der rothen Sara - fan.

58. Arie des Pilades aus »Iphigenie in Tauris.«

Grazioso. Gluck.

crescendo.
Freund, ich will froh diesen Streich em - pfan - gen, der e - wig, ewig und ver-
mf
eint, ich will froh die - sen Streich em - pfan - gen, der e - wig, e - wig und ver-
f
p

eint, der e - wig e - wig und ver - eint, der e - wig

uns ver eint.
Und mag das
Schick - sal uns be trü - gen,
laß uns fol - gen, wenn es uns ruft;
denn es
wird in ei - ner Gruft,
un ser Staub bei sammen lie- – –
pp
p

Lieder-Album. 14

58. Die Loreley von H. Heine.
(Zweistimmig.)
Volksweise.
1. Ich weiß nicht, was soll es be - deu - ten, daß ich so trau - rig
2. Die schön - ste Jung - frau sit - zet dort o - ben wun - der
3. Den Schiffer im klei - nen Schif - fe er - greift's mit wil - dem
dolce.
1. bin; ein Mähr - chen aus al - ten Zei - ten, das kommt mir nicht aus dem
2. bar, ihr gold - nes Ge - schmei - de blit - zet, sie kämmt ihr gol - de - nes
3. Weh; er schaut nicht die Fel - sen - rif - fe, er schaut nur hin - auf in die
1. Sinn. Die Luft ist kühl und es dun - kelt, und ru - hig fließt der
2. Haar. Sie kämmt es mit gol - de - nem Kam - me und singt ein Lied da
3. Höh'. — Ich glau - be, die Wel - len ver - schlin - gen am En - de Schiffer und

54. Arie aus der Oper »Orpheus.«

„Ach, ich habe sie verloren.“

Con disperazione. *Gluck.*

14*

nun da - hin; wär' ich nie, nie ge - bo - ren! Weh', daß ich auf Er - den

bin, weh', daß ich auf Er - den bin. Euri - di - ce,

Euri di ce! O Göt - ter, gebt Ant wort, gebt

Adagio.
Ant wort! E - wig blei be ich dir treu, e wig blei be

Tempo I.
ich dir treu, ja e - wig treu. Ach, ich ha be sie ver lo ren, all mein

Glück ist nun da - hin; wär' ich nie, nie ge - bo - ren! Weh', daß ich auf

Er · den bin, weh', daß ich auf Er · den bin. Eu · ri · di · ce, Eu · ri·

Adagio.
di · ce! Ach, weder dro · ben noch auf Er · den wird mir leuch · ten
Adagio.

ei · ne Hoff · nung, noch ein Trost. Ach, ich ha be sie ver · lo · ren, all mein

Glück ist nun da - hin; wär' ich nie, nie ge - bo - ren! Weh', daß ich auf

Er - den bin; wär' ich nie, nie ge bo ren! Weh', daß ich auf Er - den

bin.

55. Du lachest, ich klage. (Toskanisches Volkslied.)
(Tu ridi, io piango.)
Andantino.
Gordigiani.
1. Sonst, wenn ich dir ge - folgt auf trau - tem Pfa - de,
2. Oft, wenn der Mond im Sil - ber - strah - le blin - ket, geh'
1. Quan - do da te so - le vo un giorno anda - re,
2. E quan - te vol - te al chiaro del - la lu - na in-
1. warst du zu - frie - den, so hört' ich oft dich sa - gen; da sahst du ger - ne, wenn
2. ich um dei - ne Hüt - te, von Gram und Schmerz befan - gen; wenn auf die Er - de
1. e - ri con - ten - ta, al - me - no lo di - ce - vi, e con me so - lo vo-
2. tor - no alla tua ca - sa me - chi - no vo pas - san - do, e quante vol - te
1. Nie - mand uns nah - te, und wenn von dir ich ging, hört' ich dich kla - gen.
2. nächt - lich Dunkel sin - ket, zieht mich zu dei - nem Fen - ster mein Ver - lan - gen.
1. le - vi par - la - re, e quando me - ne anda - vo tu piange - vi;
2. nal - la not - te bru - na sot - to le tue fi - ne - stre sto can - tan - do;

con dolore.
cresc.
smorz.
affrett.

56. Arie aus »Samson.«
Larghetto.
G. F. Händel
Nacht ist's um - her; nicht Sonn', nicht Mond, kein mil - der Schein, kein mil - der Schein er - leuch - tet
To - tal e - clipse! no sun, no moon! All dark — All dark — a - midst the

mei nen Pfad.
blaze of noon!
O schö - nes
O glo - rious
Licht! mir strahlst du nicht! nie däm - mert mir der hol - de Tag! Nacht ist's umher;
light! no chee - ring ray To glad my eyes with welcome day; To - tal eclipse!
nicht Sonn', nicht Mond, kein mil - der Schein er - hel let mei - nen Pfad.
no sun, no moon, All dark — a - midst the blaze of noon!

So woll-te es des Ew'-gen Spruch; nie hellt ein Stern das Dun-kel mir! nie hellt ein Stern,
Why thus depriv'd thy prime de-cree, Sun, moon, and stars are dark to me, Sun, moon, and stars,
nie hellt ein Stern das Dun kel mir! o schö-nes Licht! nie hellt ein
Sun, moon, and stars are dark to me. Sun, moon, and stars. Sun, moon, and
Stern das Dun kel mir!
stars are dark to me.

57. Romanze: Die Waldbewohnerin. (La boscaiuola.)

Un poco meno mosso.

1. hüllt — —, ja dein Lied wur-de fort-ge-tra-gen, dei-ne Lie-be mir ent-
2. deckt — — und er seg-net vergnügt die Lie-der, die dein Her-ze ihm ent-
1. mor — — fu tra-di-to il tuo de-si-o, il mi-ste-ro del tuo
2. mor — — che so-spi-ra e be-ne-di-ce la can-zo-ne dell'a-

p

Un poco meno mosso.

I. Tempo.

1. hüllt, ja dein Lied ward fort-ge-tra-gen, dei-ne Lie-be mir ent-
2. deckt, ja er seg-net froh die Lie-der, die dein Herze ihm ent-
1. cor, fu tra-di-to il tuo de-si-o, il mi-stero del tuo
2. mor, che so-spi-ra e be-ne-di-ce, la can-zone dell'a-

cresc.

I. Tempo.

1. hüllt, ja dein Lied ward fort-ge-tra-gen,
2. deckt, ja er seg-net froh die Lie-der,
1. cor, fu tra-di-to il tuo se-gre-to,
2. mor, che so-spi-ra e be-ne-di-ce,

rallent.
p
1. dei-ne Lie-be mir ent-hüllt.
2. die dein Her-ze ihm ent-deckt.
1. il mi-ste-ro del tuo cor.
2. la canzo-ne dell'a-mor.
(di Frullani.)
f
sf
54. Duett aus: »Das Lied von der Glocke« von Schiller.
Andante con moto.
A. Romberg.
Heil'ge Ordnung, se-gensrei-che Him-melstoch-ter, die das Gleiche frei und
dolce.

leicht und freu-dig bin-det, die der Städ-te Bau ge-grün-det, die her-ein von
dolce.

den Ge - fil - den rief den un - ge - sell'gen Wil - den, ein trat in der Men - schen
Hüt - ten, sie ge - wöhnt zu sanf - ten Sit - ten, und das Theu - er - ste der Ban - de wob, den
crescendo.
Trieb zum Va - ter - lan - de.
f
p

20. Arie (Cherubin) aus »Figaro's Hochzeit.«

Allegro vivace. *W. A. Mozart.*

Zau - ber macht be - ben mein Herz! Lie - be,
don - na mi fa pal - pi - tar. No - lo ai
ach die - ses Wort nur, das sü - ße, weckt mir feu - ri - ge, stür - mi - sche
non-mi d'amor, di di - let - to, mi si tur - ba mi s'al - tera il
Trie - be; und es drängt mich, von Lie - be zu
pet - to, e a par - la - re mi sfor-za d'a-

re - den, ein Ver lan gen, ein Ver lan - gen,
mo - re, un de - si - o, un de - si - o
das mir fremd ist und neu, ein Ver lan - gen, ein Ver-
ch'io non pos - so spie - gar un de - si - o, un de-

lan gen, das mir fremd ist und neu —, Kann ich
si - o ch'io non pos - so spie - gar —, Non so
cresc.
p

16*

faſ - ſen es wohl, kann ich deu - ten, was ſo ſehr mir die Bruſt mag be drän - gen. Ach ein
più co - sa son, co - sa fac - cio or - di fuo - co, o - ra so - no di ghiaccio. og - ni
Zau - ber verwirrt mir die Sin - ne, ach, ein Zau - ber macht be - ben mein Herz, ja ein
don - na canglar di co - lo - re, og - ni don - na mi fa pal - pi - tar, og - ni
Zau - ber macht be - ben mein Herz, ja ein Zau - ber macht
don - na mi fà pal - pi - tar, og - ni don - na mi

be - ben mein Herz.
fa pal - pi - tar.
Lie - be, er - tönt's im Wa - chen,
Par - lo d'a - mor ve - glian - do.
Lie - be, er tönt's im Trau - me; der Bach, der Wald, die Ber - ge, die
par - lo d'a - mor so - gnan - do a l'ac - qua, a l'ombra, ai mon - ti, ai
f

Blu - men, Wie - sen, Quel - len, die Win - de, Luft und E - cho: sie tra - gen fort und
fio - ri, a l'erbe, ai fon - ti, a l'e - co, a l'aria, ai venti, che il suon de'vani ac-
wei - ter, all' mei - ne Qual und Lust, all' mei - ne Qual und
cen - ti por - ta - no via con se, por - ta - no via con
crescendo.
Singe:
Lust. Lie - be, er - tönt's im Wa - chen, Lie - be, er - tönt's im
se; par - lo d'amor ve - glian - do, par - lo d'amor so-

Trau - me; der Bach, die Ber - ge, der Wald, die Blu - men,
quan - do, a l'ac - qua, a l'om - bra, ai mon - ti, ai fio - ri,
die Wie - sen, die Quel - len, die Win - de, Luft und E - cho: sie
a l'er - be, ai fon - ti, a l'e - co, a l'a - ria, ai ven - ti, che il
crescendo.
f
p
tra - gen fort und wei - ter all' mei - ne Qual und Lust, all' mei - ne
suon de' va - ni ac-cen - ti, por-ta - no via con se, por - ta - no
cresc.
f
p

Singe:
Adagio.
Singe:
Qual und Lust. Und wenn sie mich nicht hö - ren, und wenn sie mich nicht hö - ren,
via con se. E se non ho chi m'oda, e se non ho chi m'oda,
1mo Tempo.
tönt's in der eig - nen Brust, es tönt, tönt in der eig - nen Brust.
par - lo d'amor con me, con me, par - lo d'amor con me.
p
sf
f
p
f
60. Ständchen von J. W. Plath.
Allegretto.
(Freie Übertragung des Toscanischen Volksliedes „Clementina.")
Gordigiani.
O, du Ge - lieb - te, schön und hold vor Al - len, zu der die Her - zen ver-
O buona se - ra, bel - la Clemen - ti - na sei ri - ve - ri - ta da

eh - rend hin - wal - len, dir soll mein Lob - lied ju - bel - laut er - klin - gen, und zu den
tut - ti gli a - manti, me - ri - te - re - sti d'esse - re re - gi - na e stare in
cresc.
Sternen him - mel an sich schwingen! Dir soll mein Lob - lied ju - bel - laut er - klin - gen,
al - to ciel - tra suoni e can - ti. Me - ri - te - re - sti d'esse - re re - gi - na
f
und zu den Ster - nen him - mel an sich schwin - gen! Dich schmückte wür - dig
e sta - re in al - to ciel - tra suoni e can - ti; me - ri - te - re - sti
p

Purpur wohl und Kro - ne, du müß - test herrschen hoch auf ei - nem Thro - ne!
di portar co - ro - na, d'es-ser re - gi - na dell' an - ti - ca Ro - ma;
Dir müß - ten al - le ehrfurchtsvoll sich nei - gen, und ih - re Knie - e, o
me - ri - te - re - sti lo scettro por - ta - re, es - ser re-gi - na e
Kö - ni - gin, dir beu - gen! Dir müß - ten Al - le ehr - furchts - voll sich nei - gen, und ih - re
po - tar co - manda - re. Me - ri - te - re - sti lo scet - tro por-ta - re, es - ser re

Kun - e, o Kö - ni - gin, dir brin - gen! Kö - ni - gin, Kö - ni - gin,
gi - na e po - ter co - man - da - re, co - mandar, co - mandar,
Kö - ni - gin, Kö - ni - gin
co - man - dar, co - man - dar
61. Lied aus »Margarethe« (Faust).
Allegretto agitato.
Gounod.
Blümlein traut, sprecht für

17*

mich recht in nig - lich —, Lie - besgruß zu ihr tra - get,

ihr, der Lieb - li - chen, sa - get, daß mein Herz Tag und Nacht für
cresc.

sie nur wacht — —, Blümlein traut, sprecht für mich recht in nig-
pp

lich ; hau-chet leis ihr ent-ge-gen: Hol-de, laß dich be-we-gen;
cresc.
Blümlein traut, sagt für mich —: Er liebt nur dich —!
dimin.
p
cre-scendo.
Recit.
Verwelkt —! Dieser Zaubrer, der Unsel'ge, bracht'
f

I. Tempo.
Recit.
Unglück mir.
Die
p
crescendo.

Blu - me, die ich pflücke hier, sie welkt schon hin! Ge-weih-tes
p

Andante.
Wasser soll die Hand mir ne - tzen. Zu be - ten hier all-a - bend-lich
pp

Anmerkung. Beim Zeichen * ist die nächst höhere Stufe als Vorhalt zu singen

schwei - get, eu - re Nä - he ihr zei - get, ro - the Ros', Veilchen blau, mein
cresc.

Herz ver - trau', Blümlein traut, sprecht für mich recht in - nig-

lich; was ich hoff', duftend sa - get, wenn er - rö - thend sie fra - get,
cresc.

wer euch bracht', Blümlein weißt — —, leis dann sie küßt, Blümlein
dimin.
ad libitum.
lei - se dann sie küßt, Blümlein lei - se dann sie
p
colla voce.
küßt.
f a tempo.

69. Gottes Rath und Scheiden von Feuchtersleben.

(Zweistimmig.) Nach Mendelssohn-Bartholdy.

(4te Strophe.)
1. Schei - den, ja Schei - den!
2. wis - se, ja wis - se!
3. wei - ne, ja wei - ne!
4. Nur mußt du mich auch recht verstehn,
4. ja recht verstehn: wenn Menschen aus ein - an - der - gehn, so
4. sa - gen sie: Auf Wie - dersehn, auf Wie - der - sehn, auf
mf
cresc.
pp

16*

[illegible]. Des Mädchens Klage.

Getragen.

Schottisches Volkslied.

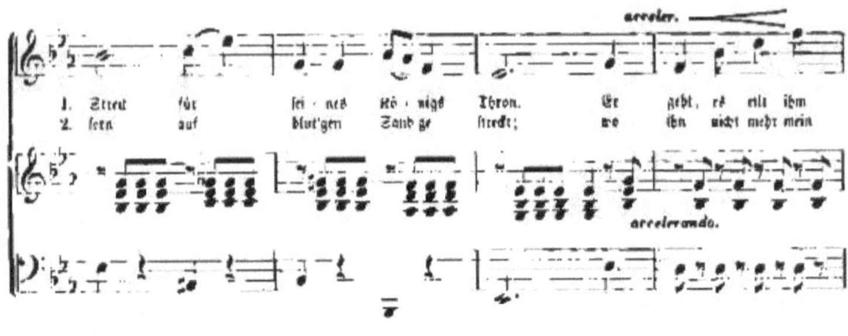
acceler.
1. Streit für sei - nes Kö - nigs Thron. Er geht, es eilt ihm
2. fern auf blut'gen Sand ge streckt; wo ihn nicht mehr mein
accelerando.

rall. cresc. f a tempo.
1. nach der Lieb sten Kla - ge ton, und es sucht ihn ihr
2. Ruf zu frü - hem Ja - gen weckt! Ach, das Schwert, das ihn
rall. a tempo.

p pp
1. Blick, nie kehrt er mehr zu - rück!
2. traf, senkt mich in To - des - schlaf!
p pp

Frisch.
64. Des Deutschen Vaterland von E. M. Arndt.
Reichardt.
1. 2. 3. 4. 5. Was ist des Deutschen Va - ter - land?
Ist's Preußenland, ist's Schwabenland? ist's
Ist's Bai - erland, ist's Stei - er - land? ist's
Ist's Pommerland, Westpha - lenland? ist's
So nen - ne mir das gro - ße Land! Ist's
So nen - ne mir das gro - ße Land! Ge-
1. wo am Rhein die Re - be blüht? ist's, wo am Belt die Mö - ve zieht? O
2. wo des Mar - sen Rind sich streckt? ist's, wo der Mär - ker Ei - sen reckt? O
3. wo der Sand der Dü - nen weht? ist's, wo die Do - nau brausend geht? O
4. Land der Schweizer, ist's Ty - rol? das Land und Volk ge - fiel mir wohl! Doch
5. wiß ist es das Oe - ster - reich, an Ehren und an Sie - gen reich? O
nein, nein, nein! sein Va - ter-
cresc.
land muß grö - ßer sein, sein Va - ter - land muß grö - ßer sein.
sein. 6. Was ist des

Deutschen Va - ter - land? So nenn' es end - lich mir das Land! So weit die

deut - sche Zun - ge klingt und Gott im Him - mel
crescendo.

Lie - der singt: das soll es sein! das soll es sein! das, wackrer

Deut - scher, nen - ne dein — — — , das nen - ne

f
p
dein! Das gan - ze Deutschland soll es sein! O Gott vom Himmel, sieh da - rein, und gieb
f
pp

uns rech - ten Deut - schen Muth, daß wir es

lie ben treu und gut! Das soll es sein! Das soll es sein!

Das gan - ze Deutsch - land soll es sein — — —, das

rallent.
soll es sein! Das gan - ze Deutsch land soll es sein!
rallent.

65. Schwertlied von Th. Körner.
Feurig.
Nach C. M. v. Weber.
1. Du Schwert an mei - ner Lin ken, was soll dein heit - res Blinken? Schaust mich so freundlich an, hab' mei - ne Freu-de dran.
2. „Mich trägt ein wack - rer Rei - ter, drum blink' ich auch so hei - ter, bin frei - en Mannes Wehr; das freut dem Schwerte sehr."
3. Was klirrst du in der Scheide, du hel - le Ei - sen-freu-de, so wild, so schlachtenfroh? mein Schwert, was klirrst du so?
4. „Wohl klirr' ich in der Scheide, ich seh - ne mich zum Streite, recht wild und schlachtenfroh, drum, Rei - ter, klirr' ich so."
5. So komm denn aus der Scheide, du Rei - ters - Au - gen-wei - de, her - aus, mein Schwert, heraus! führ' dich ins Va - terhaus.
Hurrah! hurrah! hur - rah!
66. Hab' oft die ganze Nacht x.
Andantino.
Baierisches Volkslied.
1. Hab' oft die
2. D'Sonn' hat sich
3. Da hat sie

1. gan - ze Nacht an ih - rer Hütten g'wacht, hab' oft hin - ein g'schaut wohl ü - ber'n Rain; hab' ob'n die
2. fü - er g'macht, hat auf die Blümle g'lacht, bis aus dem Gras sie sich her - ausge - streckt, hab' nie mit
3. mir gewinkt, hat mit den Äuglein blinkt, ich hab' gleich wohl ver - stan - den, wie sie's meint; eilt' g'schwind in's
fem.
1. Sternlein g'zählt, hat auch nit ei - nes g'fehlt, als die ze Äuglein, Dirndel, ganz al - lein.
2. um - ge - wandt, hab' an mein Dirndel denkt, hat just zum Fen - ster raus ihr Kö - pferl g'streckt.
3. Stü - berl hin, in ih - re Ar - me drein, hab's g'herzt u. küßt vor Freud' und schier fast g'weint.
Ho - li - a
ho — la — la — la la — — lio li a ho — —

19*

97. Ich liebe dich ic.

Andante.

L. v. Beethoven.

Auch waren sie für dich und mich ge - theilt leicht zu er - tra gen; du

trö - ste - test im Kum - mer mich, ich weint' in dei - ne Kla gen, in dei - ne

Kla - gen; drum Got tes Se - gen ü - ber dir, du mei - nes Lebens Freu de, Gott

schü - tze dich, er - halt' dich mir, schütz und er - halt' uns bei - de, Gott schü - tze
dich, er - halt' dich mir, schütz' und er - halt' uns bei - de, er-
halt', erhalt' uns bei - de, er - halt' uns bei - de.

68. Tik e tik e tok.

Tempo di Valse. — Italienisches Volkslied.

dolce.

1—3. Tik e tik e tok, mein brau - nes Lieb - chen, tik e tik e tok, 1. du kränkst mich lan - ge, 2. ge - denk' der Stun - de, 3. o laß dir sa - gen,

1—3. Tic e tic e toc, mio bel moret - to, tic e tic e toc, 1. quanto mi pia - ce, 2. quanto sei ca - ro, 3. a - scol - ta, be - ne.

Fine.

1. nein, nein, nein, nein, nein, o sei nicht ban - ge, nie werd' ich dich hin - ter - geh'n.
2. wo — mit — tie - fer Her - zens - wun - de, mich das Schicksal von dir schied.
3. schwei - gen — wer - den al - le Kla - gen, ruh'st du wie - der mir im Arm.
1. nò nò nò nò nò non è ca - pa - ce di tra - dir que - sto mio cor.
2. ti — sov — vien del gior - no a - ma - ro che da me t'al - lon - ta - nò,
3. ces - se - ran - no le mie pe - ne quan - do al - fin ti strin - ge - rò.

60. Arie aus »Das unterbrochene Opferfest.«

so al - lein nun ist's nicht so
Mir wird jetzt öf - ters
ban ge, gar oft zu eng der Raum
der Tag wird mir so lan -
ge, voll Un ruh' ist mein Traum; die Stun - den aus zu fül len, be-
p
pp
p

ginn' ich dies und das —, ich möch - te ger - ne spie - len, doch weiß ich

selbst nicht was, ich moch - te ger - ne spie - len, doch weiß ich selbst nicht

was. Ich war, wenn ich er - wach - te, stets hei - ter und stets froh —, ich

scherz - te, spiel - te, lach - te, al - lein nun ist's nicht so, nein,
nein, nun ist's nicht so
20. Unser Vaterland von L. Wächter.
Moderato.
G. Nägeli.
1. Kennt ihr das Land so wun - der - schön in sei - ner Ei - chen grü - nem Kranz, das
2. Kennt ihr das Land, vom Tru - ge frei, wo noch das Wort des Mannes gilt? das
3. Kennt ihr das Land, wo Sitt - lich - keit im Krei - se fro - her Menschen wohnt? das
4. Heil dir, du Land, so hehr und groß vor al - len auf dem Er - den - rund! Wie
mf

20*

1. Land, wo auf den sanf - ten Höh'n die Trau - be reift im Son - nen-
2. Land, wo Glaub' und Lieb' und Treu' den Schmerz des Er - den - le - bens
3. heil' - ge Land, wo un - ent - weiht der Glau - be an Ver - gel - tung
4. schön ge - deiht in dei - nem Schooß der ed - len Frei - heit schö - ner
dolce.
f Chor.
1. glanz? Das schö - ne Land ist uns be - kannt, es ist ja un - ser
2. stillt? Das gu - te Land ist uns be - kannt, es ist ja un - ser
3. thront? Das heil' - ge Land ist uns be - kannt, es ist ja un - ser
4. Bund! Drum wol - len wir dir Lie - be weih'n und dei - nes Ruh - mes
f
1. Va - ter - land.
2. Va - ter - land.
3. Va - ter - land.
4. wür - dig sein.

91. Da drüben!

Leicht. Alb. Schmidt (in Brandenburg).

19. Das Vergißmeinnicht.
Zart und innig.
J. Chr. Schärtlich.
1. Ein wun der sa - mes Blüm chen weiß ich auf schö - ner
2. Die Wel - le murmelt wei ter im spie gel kla - ren
3. Und blühst nicht auch, mein Blüm chen, auf wei ter Ster - nen-
p legato.
1. Au' —; sem Far - ben-glanz so lieb lich, so zart wie Him-mels - blau.
2. Bach —, das Blümchen a - ber win - kel „Vergiß mein nicht" ihr nach.
3. au' —, in Got - tes lie bem Au - ge, im kla - ren Him-mels - blau!
1. Im blu - men-schö - nen Mai - en blüht es am fri - schen Quell —, das
2. Und blühst du nur an Quel - len, mein hold Ver-giß - mein - nicht —? Blühst
3. Es ruft von sel'- gen Hö - hen des Got-tes - au - ges Licht — ins

78. Wiegenlied.

Rheinisches Volkslied.

mf
1. ih - ren Sten - ge - lein. Es rüt - telt sich der Blü - thenbaum, er
2. ih - re Nest - chen klein. Das Heimchen in dem Aeh - rengrund, es
3. mag zu Bet - te sein. Und wo er nur ein Kind - lein fand, streut'
4. lieb Guck - äu - ge - lein. Es leuchtet mor - gen wie Willkomm' das
dimin.
pp
1. säu - selt wie im Traum:
2. thut al - lein sich kund.
3. er in's Aug' ihm Sand.
4. Aeu - ge - lein so fromm!
Schla - fe, schla - fe,
p
rallent.
schla - fe du, mein Kind - lein, schla - fe ein!
rallent.

14. Die Heimath der Seele. (Zweistimmig.)
Getragen.
Englische Volksweise.
p
1. Wo fin - det die See - le die
2. Ver - las - se die Er - de, die
3. Wie se - lig die Ru - he bei
1. Hei - math, die Ruh'? Wer deckt sie mit schü - tzen - den Flü-
2. Hei - math zu seh'n, die Hei - math der See - le, so herr-
3. Je - su im Licht! Tod, Sün - de und Schmer - zen, die kennt
mf
1. gen zu? Ach, bie - tet die Welt - kei - ne Frei - statt uns
2. lich, so schön! Je - ru - sa - lems dro - ben, von Gol - de er-
3. man dort nicht. Das Rau - schen der Har - fen, der lieb - li - che
Lieder-Album
21

f
1. an, wo Sün - de nicht herr - ſchen, nicht an - fech - ten kann?
2. baut, iſt die - ſes die Hei - math der See - le, der Braut?
3. Klang be - will - kommt die See - le mit ſü - ßem Ge - ſang.
pp
mf
1. Nein, nein, nein, nein, hier iſt ſie nicht: die
2. Ja, ja, ja, ja, die - ſes al - lein kann
3. Ruh', Ruh', Ruh', Ruh', himm - li - ſche Ruh' im
pp
rallent.
1. Hei - math der See - le iſt dro - ben im Licht.
2. Ruh - platz und Hei - math der See - le nur ſein.
3. Schoo - ße des Mitt - lers, ich ei - le dir zu!
rallent.

75. Frühlingslied.
Moderato.
Volkslied.
mf
p
cre - - scen - - do. f
1. Wenn der Frühling kommt und von den Ber - gen schaut, wenn der Schnee im Thal und auf den Hügeln thaut, wenn die Bächlein quellen und die Knos - pen schwellen, wird die Sehnsucht mir im Bu - sen laut, wird die Sehnsucht mir im Bu - sen laut.
2. Wenn die Wiesen deckt der Blu - men bun - te Zier, und das Lied er - wacht in Au' und Waldre - vier; wenn die Tauben girren und die Bie - nen schwirren, dann be - ginnt des Jahres schönste Zeit, dann be - ginnt des Jah - res schönste Zeit.
3. Wenn ich sinnend dann durch Flur und Fel - der geh', wenn ich an des Bächleins grünem U - fer steh', mich der Blumen freue, sie der Freundschaft wei - he, steigt die Wonn' in mir zur höchsten Lust, steigt die Wonn' in mir zur höchsten Lust.
4. Möch - te freudig jauch - zend dann zum Him - mel schau'n, möchte mir im Hain ein stil - les Hüttchen bau'n, möch - te e - wig weilen an der Wal - des - säu - seln, möcht' in sol - chem Dom be - gra - ben sein, möcht' in sol - chem Dom be - gra - ben sein.

21*

Gretelein.
Moderato.
Neues Volkslied.
1. Schaust so freundlich aus, Gre-te-lein, nimm den Blumenstrauß, er sei dein! Bist ein
2. Denk' nur auch das Herz, Gre-te-lein, will mit Lie-besschmerz bei dir sein! Noch vor
3. Doch nun, ach! ist weit, Gre-te-lein, Schlaf und Fröhlichkeit, Tanz und Wein! La-che
1. Kind nicht mehr, Gre-te-lein, thust mir ei-ne Ehr', sag' nicht nein! Schaust so freundlich aus, schaust so
2. ei-nem Jahr, Gre-te-lein, schlief ich ar-mer Staar ru-hig ein. Denk' nur auch das Herz, denk' nur
3. nicht so laut, Gre-te-lein, sei hübsch meine Braut, laß dich frein! Sei hübsch meine Braut, sei hübsch
cre-
scendo.
1. freund-lich aus, Gre-te-lein, sag' nicht nein!
2. auch das Herz, Gre-te-lein, will bei dir sein!
3. mei-ne Braut, Gre-te-lein, sag' nicht nein!

77. Frühlingsliebe von Prutz.
Andante.
C. Stein.
1. O Herz, du mußt dich fas - sen, du hast's ja lang' ge-
2. Nun ist der Tag ge - kom - men, daß ich von dan - nen

1. wußt, mußt flie - hen und ver - las - sen die sü - ße Lie - bes-
2. muß, der Ab - schied wird ge - nom - men mit ei - nem flücht' - gen

Sehr langsam. **98. Aus Tiedge's »Urania.«** *F. H. Himmel.*

wegtem Gefühl.
in der blau ge - wölb - ten Hal - le sei - nes Tem - pels such' ich sei - ne
Spur; su - che Hoff - nung, Trost und Ruh', und fal - le wei - nend in die
Ar - me der Na - tur, und fal - le wei - nend in — die

Ar - me der Na - tur. An die Ster - ne hef - ten mei - ne Kla - gen manches
fp
fp

tie - fe seuf - zen - de Warum? Kei - ne Ant - wort spricht zu meinen Fra - gen, al - les
f

schweigt, die Mit - ter - nacht ist stumm; al - les schweigt, die Mitternacht ist stumm.

r a l - l e n - t a n - d o.
a tempo.
Gott! ein Gott! ach! ir - rend such' ich ihn! Draußen
r a l - l e n - t a n - d o.
pp

in der blau ge - wölb - ten Hal - le sei - nes Tem - pels such' ich sei - ne

Spur, su - che Hoff - nung, Trost und Ruh, und fal - le wei - nend in die
p

rallent.
Ar - me der Na - tur, und fal - le wei - nend in die
Ar - me der Na - tur — —.
pp
19. Heimath, süßer Ort!
Andante.
Englisches Volkslied von Henry Bishop.
1. Be - rau - schen auch Freu - den und Glanz mei - nen Sinn, doch stets zieht die Sehn - sucht zur
2. Der Hei - math be - raubt, winkt um - sonst mir das Glück, o gebt mir mein Dörf - chen, mein
p

mf
1. Hei - math mich hin; den Reiz, den die Hüt - te der Hei - math ent - hält, ihn beut
2. Hütt - chen zu - rück! Wie süß dort das Lied muntrer Vög - lein er - klang; ach, hört'
pp
1. so ent - zü - ckend kein Ort auf der Welt.
2. ich doch wie - der den hel - den Ge - sang!
O Hei - math, sü - ßer
f
p
rallent.
1. u. 2. Ort, o, wär' ich wie - der dort, o, wär' ich wieder dort!

22*

Wanderlied von A. Franz.
Volksweise.
1. Lau - e Lüf - te fühl' ich we - hen, gold - ner Frühling thaut her - ab!
2. Le - be wohl, ich muß dich las - sen, mein ge - lieb - tes Va - ter - haus!
3. Gott be - hüt' euch nah und fer - ne, was sich lie - bet, bleibt ver - eint.
1. Nach der Ferne geht mein Seh - nen, rei - chet mir den Wanderstab! Wo die
2. Muß das fremde Glück er - fas - sen; hof - fend schaut mein Blick hinaus! Le - ben
3. Denkt beim stillen A - bend - ster - ne, denkt an den ent - fern - ten Freund! Ei - ne

1. wei - ßen Ne - bel stei - gen von der blau - en Ber - ge Rei - hen, dort - hin
2. quillt aus je - dem Bron - nen; frisch ge - wagt, ist halb ge - won - nen! Gläubig
3. Son - ne strahlt uns Al - len! Laßt mich fröh - lich wei - ter wal - len, denkt an

1. geht mein Weg hin - ab; rei - chet mir den Wan - der - stab!
2. zieht der Wandrer aus! Le - be wohl, mein Va - ter - haus!
3. den ent - fern - ten Freund; was sich lie - bet, bleibt ver - eint.

91. Liebe um Liebe.

Andante.

Volkslied.

1. War das nicht ein Blick der Lie - be, der aus ih - rem Au - ge
2. O ihr Lie - bes - en - gel, rüh - ret euch das Flehn der Lei - den-

1. sprach? sah sie nicht betbränt und trü - be mir in stil - ler Sehnsucht nach? Ja bei
2. den, o so steigt her - ab und füh - ret mich zu mei - ner Hei - li - gen, daß ich
p
1. Gott, sie muß es wis - sen, daß ich so ver - wun - det bin, muß von Mit - leid hin - ge
2. ihr zu Fü - ßen sin - ke, mei - ne Lei - den ihr ge - steh, und durch ei - nen ih - rer
sf
p
dimin.
1. ris - sen, auch für mich im Stil - len glüh'n, auch für mich im Stil - len glüh'n.
2. Win - ke mich zu euch er - ho - ben seh, mich zu euch er - ho - ben seh.
dimin.
f
p

Siciliana.

Andante.
Sicilianische Weise.
Pill' u - ra chi ti
Seit dem ich dich ge-
mf
p
p
vit - ti jeu chià nun appi ab - ben - tu, m'in - ti - ai sen - ti-
se - hen, ver - ließ mich al - le Ru - he und ich em - pfand ein
men - tu, nè sac - ciu lu - chi fu. La - men - ti ai con-
Seh - nen, weiß nicht, was mir ge - scheh'n. Ach, so ver - wirr - te

fu - si qua un jeu vit - ti a - ti - a e dis - sin-tra di
Kla - gen, als ich dich, Schönste, ge - se - hen, da sagt' ich zu mir
rallent.
mi - a, già nam - mu - ra - ta sú, già nam - mu - ra - ta
sel - ber, nur dir ge - hört mein Herz, nur dir ge - hört mein
sù, e dis - sin - tra di mi - a, già nam - ma - ra - ta sù.
Herz! Da sagt' ich zu mir sel - ber, nur dir ge - hört mein Herz!

68. Das stille Thal.

dimin.
1. zog ich man - che Stun - de in's Thal hin aus.
2. ist mein herb - stes Lei - den, mein letz ter Gang.
3. mir zur letz - ten Stun de beim A bend schein!
p
dimin.
84. Heimweh.
Etwas bewegt.
Französische Volksweise.
1. Wenn Al - les wie - der sich be-
2. Ich den - ke an der Kind - heit
3. Leb' wohl, du Stadt, lebt wohl, Pa-
p
Ped.
1. le - bet, der Er - de fri - sches Grün erblüht, die Ler - che sich zum Him - mel
2. Ta - ge und um mich reiht sich Bild an Bild; es schau'n auf mich mit lei - ser
3. lä - ste, lebt wohl in eu - rer stolzen Pracht! Lebt wohl, ihr glanz ge - schmückten
Ped.
Ped.

p
1. he - bet, und sen - dend ihr me - lo - disch Lied; so füllt mein Au - ge
2. Kla - ge die El - tern und die Freun - de mild; es füllt mein Au - ge
3. Fer - ne, mich treibt des Heim - wehs Zau - ber - macht! Mein Au - ge fül - let
pp
Ped.
Ped.
mf
1. sich mit Thrä - nen, er - greift mich ei - ne sü - ße Qual, so treibt mich ein un - end - lich
2. sich mit Thrä - nen, mein Herz mit ei - ner sü - ßen Qual; es treibt mich ein un - end - lich
3. sich mit Thrä - nen, mein Herz mit ei - ner sü - ßen Qual; es treibt mich ein un - end - lich
Ped.
1—3. Seh - nen zu mei - nen Ber - gen und dem stil - len Thal.
diminuendo.
Ped.

23*

85. Canzonetta Neapolitana.
Andante con moto.
Neapolitanische Volksweise.
Bel - lez - za mia ca - ra non
Ein hüb - sche - res Mädchen hab'
mf
f
p
vi - di - giam - mai, na nen - na si ra - ra più bel - la che
nie ich ge - seh'n, mein Schätzchen, das lie - ber, das schö - ner als
te. Sei bel - la, sei bo - na, sei tutt' a - mo - ro - sa mi
du. Bist lieb - lich, bist freundlich, bist herz - lich, bist gü - tig, du

pa - ri mia spo - sa lo mo - ri per te. te.
schwingt wir die Be - ste, ich ster - be für dich. dich.
86. Morgengruß von W. Müller.
Moderato.
Fr. Schubert.
1. Gu - ten Mor - gen, schö - ne Mül - le - rin, wo steckst du gleich das Köpf - chen hin, als wär' dir was ge - sche - hen?
2. O laß mich nur von fer - ne steh'n, nach dei - nem lie - ben Fen - ster seh'n, von fer - ne, ganz von fer - ne!
3. Ihr schlummer - trunk - nen Äu - ge - lein, ihr thau - be - trüb - ten Blü - me - lein, was scheu - et ihr die Sonne?
4. Nun schüt - telt ab der Träu - me Flor, und hebt euch frisch und frei em - por in Got - tes hel - len Morgen!

1. Ver - drießt dich denn mein Gruß so schwer, ver - stört dich denn mein Blick so sehr? So
2. Du blon - des Köpfchen, komm hervor, her - vor aus eu - rem run - den Thor ihr
3. Hat es die Nacht so gut ge - meint, daß ihr euch schließt u. bückt und weint nach
4. Die Ler - che wir - belt in der Luft, und aus dem tie - fen Her - zen ruft die
pp
1. muß ich wie - der ge - hen, so muß ich wie - der ge - hen, wie - der
2. blau - en Mor - gen - ster - ne, ihr blau - en Mor - gen - ster - ne, ihr Mor - gen-
3. ih - rer stil - len Won - ne, nach ih - rer stil - len Won - ne, nach ih - rer
4. Lie - be, Leid und Sor - gen, die Lie - be, Leid und Sor - gen, Leid und
pp
rallent.
rallent.
1. ge - hen.
2. ster - ne.
3. Won - ne.
4. Sor - gen.

In der Christnacht. (Zweistimmig.)
Langsam.
Volkslied.
1. Stil - le Nacht, heil - ge Nacht!
2. Stil - le Nacht, heil - ge Nacht!
3. Stil - le Nacht, heil - ge Nacht!
1. Al - les schläft, ein - sam wacht nur das trau - te hochhei - li - ge Paar. Hol - der Kna - be im
2. Hir - ten erst kund ge - macht, durch der En - gel Hal - le - lu - ja tönt es laut — von
3. Got - tes Sohn, o wie lacht Lieb aus dei - nem gött - li - chen Mund, da uns schlägt die
1. lo - cki - gen Haar, schlaf in himmli - scher Ruh —, schlaf in himm - li - scher Ruh —!
2. fer - ne und nah: Christ, der Retter, ist da —, Christ, der Ret - ter, ist da —!
3. ret - ten - de Stund', Christ, in dei - ner Ge - burt —, Christ, in dei - ner Ge - burt —!

89. Im Frühling.
Etwas langsam.
W. A. Mozart.
1. Er - wacht zum neu - en Leben, sieht vor mir die Na - tur; und
2. Die Flur im Blumen - kleide ist, Schöpfer, dein Al - tar, und
3. Ich schau ihr nach und schwinge voll Dank mich auf zu dir, o
1. sanf - te Lüf - te we - hen durch die ver - jüng - te Flur. Em - por aus sei - ner
2. Op - fer rei - ner Freude weiht dir das jun - ge Jahr; es bringt die er - sten
3. Schöpfer al - ler Dinge, ge - seg - net seist du mir! Weit ü - ber sie er-
1. Hül - le drängt sich der jun - ge Halm, der Wälder ö - de Stil - le be-
2. Düf - te der blau - en Veilchen dir und schwebend durch die Lüf - te lob-
3. ho - ben kann ich der Fluren Pracht em - pfinden, kann dich lo - ben, der

1. lebt der Vö - gel Psalm.
2. singt die Er - de dir.
59. Arie aus der »Pfingstcantate.«
Andante con moto.
J. S. Bach.
Mein gläu - bi - ges Her - ze froh - lo - cke, sing', scher - ze,

mein gläu - bi - ges Her - ze, froh - lo - cke, sing', scher - ze, froh-
lo - cke, sing', scher - ze, dein Je - sus ist nah, mein gläu - bi - ges Her - ze, froh-
lo - cke, sing', scher - ze, froh - lo - cke, sing', scher - ze, dein Je - sus ist nah!

Weg Jam - mer, weg Kla - gen, weg Jam - mer, weg Kla - gen, ich will euch nur sa - gen: mein
Je - sus ist da; weg Jam - mer, weg Kla - gen, ich will euch nur sa - gen: mein

24*

Je - sus ist da, mein Je - sus ist da.
Weg Jam - mer, weg
Kla - gen, weg Jam - mer, weg Kla - gen, ich will euch nur sa - gen: mein Je - sus ist

da. Mein gläu - biges Her - ze, froh - lo - cke, sing', scher - ze,

mein gläu - biges Her - ze, froh - lo - cke, sing', scher - ze, froh - lo - cke, sing',

scher - ze, dein Je - sus ist da, froh - lo - cke, sing', scherze, froh - le —

— de, ſing', ſcher · ze, mein gläu · biges Her · ze, froh · lo · cke, ſing',
dolce.
p
ſcher · ze, froh · lo · cke, ſing', ſcher · ze, dein Je · ſus iſt da.
mf

99. Das Kirchlein von Kilzer.

Mäßig. Volksweise.

91. Abendlied.
Langsam.
J. A. Naumann.
p
1. Wie - de - rum hat stil - le Nacht un - sern Kreis um - ge - ben;
2. Fröh - lich blickt nun der zu - rück, der mit re - gen Hän - den
3. Im - mer nur sei ed - les Thun un - ser Ziel hie - nie - den.
mf
1. wie - de - rum ein Tag vollbracht von dem Er - den - le - ben. O, - wie bist du,
2. half an sei - nes Bru - ders Glück sei - nen Theil vol - len - den. Dop - pelt ist die
3. Dann nur mö - gen im - mer ruh'n wir in sü - ßem Frie - den; dann ist Ruh' in
p crescen-
1. Nacht, so schön, freund - lich je - dem Mü - den! Bald, um fro - her
2. Ru - he süß, den die mil - de Son - ne gut und bes - ser
3. stil - ler Nacht freund - lich uns und la - bend, und wenn Al - les
crescen-

99. Arie aus dem Oratorium »Die Schöpfung.«

Andante. J. Haydn.

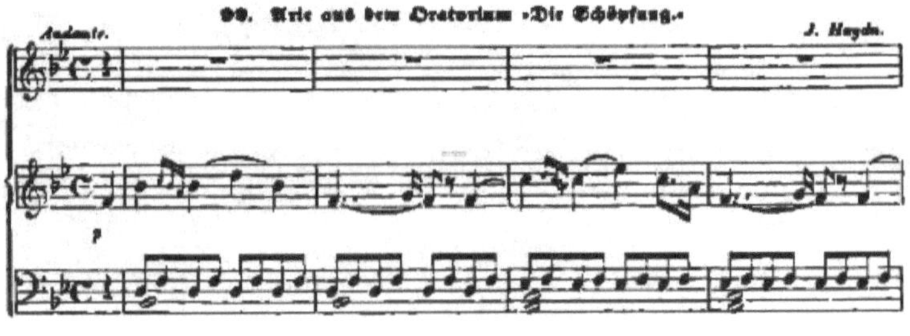

Mit Würd' und Ho - heit
p
p

an - gethan, mit Schönheit, Stärk' und Muth be - gabt, gen Him - mel auf - ge-

cre - scen - do
f
rich - tet, steht der Mensch, ein Mann, und Kö - nig der Na-
cresc.

tur. Die breit gewölbt er - hab' - ne
sf
sf
p

Stern, ver - künd't der Weisheit tie - fen Sinn,
f
p
f

und aus dem hel - len Bil - de strahlt
p
f

der Geist, des Schö - pfers Hauch — und E - ben

bild.

Und aus dem hel - len Bli - cke strahlt der Geist,

Schö - pfers Hauch und E - ben - bild.
p
f
sf

sf

An sei - nem Bu - sen schmie - get sich, für ihn, aus ihm ge - formt, die
p

der Geist, des Schö - pfers Hauch — und E - ben-
p

bild.
f

Und aus dem hel - len Bli - cke strahlt der Geist, des
p
f

Schö pfers Hauch und E ben - bild.
p
f
sf

sf

An sei - nen Bu - sen schmie - get sich, für ihn, aus ihm ge - formt, die
p

Gat - tin hold und an - muthsvoll, die Gat - tin hold und an - muthsvoll.

In fro - her Un - schuld lä - chelt sie, des Früh - lings

rei - zend Bild, ihm Lie - be, ihm

Lie be, Glück — und Won - ne zu.

In fro - her Un - schuld lä - chelt sie, des Früh-

lings rei - zend Bild, ihm Lie - be,

ihm Lie - be, Glück — und Won - ne

zu, ihm Lie - be, Glück und
p

Won - - - ne zu.
sf
pp

Bleib bei mir!

Neueres Volkslied.

94. Siciliano.
G. B. Pergolese.
Tre gior - ni son che Ni - na, che Ni - na, che
1. Drei Ta - ge schon, o Ni - na, o Ni - na, o
2. Hier steh' ich wie - der, Ni - na, o Ni - na, o
Ni - na, in let - to se ne sta, — in let - to se ne
1. Ni - na, stand ich vor dei - nem Haus, — stand ich vor dei - nem
2. Ni - na, im frü - hen Mor - gen - schein, — im frü - hen Mor - gen-
pp

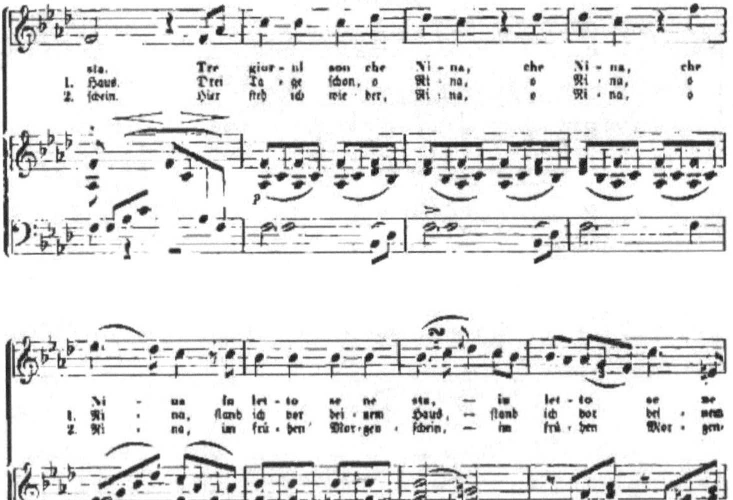
sta. Tre gior - ni son che Ni - na, che Ni - na, che
1. Haus. Drei Ta - ge schon, o Ni - na, o Ni - na, o
2. schein. Hier steh ich wie - der, Ni - na, o Ni - na, o
p
Ni - na in let - to se ne sta, — in let - to se ne
1. Ni - na, stand ich vor dei - nem Haus, — stand ich vor dei - nem
2. Ni - na, im frü - hen Mor - gen - schein, — im frü - hen Mor - gen-
pp
sta. Pif - fa - ri, tim - pa - ni, cem - ba - li! Sve - glia — te mia Ni-
1. Haus. Rauschend er - tön - te der Mor - gengruß: „Wach auf, — wach auf, du
2. schein. Lau - ter er - schallet mein Mor - gengruß: „Thu' auf, — thu' auf, du
f
p
poco f
dol.

26*

net - ta, sve - glia - te mia Ni - net - ta, ac - ciò non dor - ma
1. Hol - de, wach auf, — wach auf, du Hol - de!" du schau - test nicht her-
2. Hol - de, thu' auf, — thu' auf, du Hol - de! dein Aug', dein Fen - ster-
più, — ac - ciò non dor - ma più. Sve - glia - te mia Ni-
1. aus, — du schau - test nicht her - aus. „Wach auf, wach auf, du
2. lein, — dein Aug', dein Fen - ster - lein. Thu' auf, thu' auf, du
p
pp
pp
net - ta, sve - glia - te mia Ni - net - ta, ac - ciò non dor - ma
1. Hol - de, wach auf, wach auf, du Hol - de!" du schau - test nicht her-
2. Hol - de, thu' auf, thu' auf, du Hol - de, dein Aug', dein Fen - ster-
pp
pp

a piacere.
più. più, ac - ciò non dor - ma più.
aus. lein, dein Aug', dein Fen - ster - lein.
dol.
pp
col canto.

96. Sonntag von Hoffmann-Fallersleben.
Con moto.
Volksweise.
1. Der Sonntag ist ge - kom - men, ein Sträußchen auf dem
2. Er stei - get auf die Ber - ge, er wan - delt durch das
3. Und wie in schö - nen Klei - dern nun pran - get Jung und
4. Und wie er Al - len Freu - de und Frie - den bringt in
mf
p
dolce.
1. Hut, sein Aug' ist müd und hei - ter, er meint's mit Al - len gut —.
2. Thal, er la - det zum Ge - be - te die Men - schen all - zu - mal —.
3. Alt, hat er für sie ge - schmü - cket die Flur und auch den Wald —.
4. Ruh', so ruf' auch du nun Je - dem „Gott grüß' dich" freundlich zu —.

Freudvoll und leidvoll von Göthe.
Andante con moto.
L. van Beethoven.
f
p dolce.
f
p

Freudvoll und leid-voll, ge-dan-ken-voll sein;
p

lan-gen und ban-gen in schweben-der Pein;
himmelhoch
p

Allegro assai vivace.
jauchzend, zum To - de be - trübt; glück lich allein ist die See - le, die liebt,
cresc.
pp

glück - lich al - lein ist die See - le, die See - le, die liebt. Freudvoll und leidvoll, ge - dan - ken voll
f

ritard.
a tempo.
sein; langen und bangen in schwebender Pein — — —; glück - lich al-
colla parte.
dolce.
pp

lein ist die See - le, die liebt, glück - lich al - lein ist die See - le, die See - le, die
cre - scen - do.

liebt, die See - le, die See - le, die liebt, die liebt, die See - le, die See - le, die
cresc.
cresc.

liebt.
cresc.

97. Flatt're, kleiner Vogel!

Leicht. Neuere Weise.

p cre - scen - do.
1. Ton; trau - e nicht, trau - e nicht, trau - e nicht dem sü - ßen Lo - cken, flatt' - re,
2. roth, flat - terst du, flat - terst du, o dann flat - terst du ver - ge - bens, dei - ne
dolce.

sf
1. flatt' - re, husch! da - von, flatt' - re, flatt' - re, husch! da - von!
2. Schwingen sind nur Tod, dei - ne Schwingen sind nur Tod.

94. Andenken.

Allegretto.
L. v. Beethoven.
tr
sf
dolce.
cresc.

1. Ich den - ke dein, wenn durch den Hain der Nach - ti - gal - len Ac - cor - de schallen. Wann denkst du mein? Wann, wann denkst du mein? Ich
den - ke dein im Dämmer - schein der A - bend - hel - le, am Schat - ten - quel - le. Wo denkst du mein? Wo, wo denkst du mein? Ich
den - ke dein mit sü - ßer Pein, mit ban - gem Seh - nen und sü - ßen Thränen. Wie denkst du mein? Wie, wie denkst du mein?
mein O den - ke, o —
mf
p
sf
crese.

den - ke mein, o den - ke mein bis zum Ver ein auf besserm Ster - ne! Im
cresc.
fp
je - der Fer - ne denk ich nur dein! denk ich nur dein! O
ff
den - ke, o — den - ke mein, o den - ke mein bis zum Ver-

ein auf bes-serm Ster-ne, in je-ner Fer-ne denk ich nur dein, denk ich nur
dein, denk ich nur dein, nur dein, nur dein! nur dein, nur
dein, ja nur dein! nur dein!
espress.

99. Du liebes Aug'! du lieber Stern! von Öttinger.
Moderato.
Alex. Reichard.
mf
p
1. Ich kenn' ein Au - ge, das so mild - und glänzend wie - ein Sternen-
2. Dies Aug' ist süß - und veil-chenblau, - drin spiegelt sich - der Thränen
1. bild, voll Huld auf mich - her-nie-der sieht - und mich hin-auf - zum Himmel
2. Thau, und wenn ich die - ses Au-ge seh, - er-füllt mich Lust, - er-füllt mich

p

1. zieht. Dort prangt ein Stern — so hell und rein — wie je-nes Au-ges Sonnen-
2. Lied: Ver-sen-ken möcht' — ich mich hin-ein — und die-ses Au-ges Ap-fel

p

ritard. f a tempo. p f p

1. schein. Du lie-bes Aug', du lie-ber Stern —, du bist mir nah und doch so
2. sein.

ritard. a tempo.

f p

f f con espress.

1. u. 2. fern! Du lie-bes Aug', du lie-ber Stern —, du bist mir nah und doch — so

f p

1. u. 2. fern!
mf

1ma
più animato.
IIda
2. Dies Aug' ist
3. Und schließt einmal dies Aug', dies Au - ge sich, dann
più animato.

3. wird es e - wig Nacht für mich. Wenn je - ner Stern mir nicht mehr

ritard.
p a tempo primo.
3. lacht, dann ist es e - wig, e - wig für mich Nacht. Denn die - se
ritard.
a tempo primo.
3. bei den Ster - ne hold sind Mondenglanz und Son - nen - gold. Du lie - bes
p

pp
3. Aug', du lie - ber Stern, du bist mir nah und doch so fern! Du lie - bes

riten.
cresc. con molto espress.
3. Aug', du lie-ber Stern, du bist mir nah und doch so fern!
a tempo.
riten.
ff
100. An die Geliebte.
Andantino un poco agitato.
L. v. Beethoven.
p
O, daß ich dir vom
pp

stil - len Au - ge, in sei - nem lie - be - vol - len Schein, die Thrä - ne von der

cresc.
f
Wan - ge sau - ge, eh' sie die Er - de trin - ket ein.
f
p

p
Wohl hält sie zö - gernd auf der Wan - ge und will sich leis der
p

28*

Treu - e weih'n; nun ich sie so im Kuß em - pfan - gen, nun sind auch
dei - ne Schmer - zen mein, nun, nun sind auch dei - ne Schmerzen mein, nun, nun sind auch
dei - ne Schmer - zen mein, mein! mein!

202. O, wüßtest du, wie ich dich liebe!

con passione.
Lie - be auch für mich, du fühltest Lie - be auch für mich. O wüß - test
con anima.
du, o wüß - test du —, wie ich so heiß dich lie - be!
f
ff
f
p
ff
dimin.
dolce.
Fine.
1. Wüßtest du mein
2. Wüßtest Al - les
3. Wüßtest e - wig

dolce.
1. Herz, nimm es für dich, es mag bei dir stets für mich spre - chen, es mich im
2. du, was mir ge - hört, für ei - nen nur von dei - nen Bli - cken, geb' Al - les
3. du mein ei - gen sein, will ich mich reich und se - lig nen - nen, nichts auf der
p
molto dolce.
1. Gram und Leid den ber - gen, wenn du nicht Mit - leid fühlst für mich; o nimm mein
2. bin ich mit Ent - zü - cken, mehr als die Welt bist du mir werth; was mir ge-
3. Welt soll mehr uns tren - nen, mein Ruhm, mein Na - me, sie sind dein, willst e - wig
ritard.
f
1. Herz, nimm es für dich, o nimm mein Herz, nimm es für dich! O wüßtest
2. hört, nimm es für dich, was mir ge - hört, nimm es für dich! O wüßtest
3. du mein ei - gen sein, willst e - wig du mein ei - gen sein! O wüßtest
ritard.

108. Der Dreispann von F. Bodenstedt.

Russisches Volkslied.

108. Der arme Sänger.

1. lein, ja —, dich al - lein, Dürft' in fer - nen
2. mein, ja —, e - wig mein, und du sprächst: im

p *cresc.* *mf*

sf

1. Ta - gen wohl zu hof - fen wa - gen, daß du spre - chest:
2. Le - ben kann's nicht Schön'res ge - ben, als das Weib des

sf *dol. e più lento.*

1. ich bin dein — — —, Ach —, ha - be Mit - leid mit dem
2. Sängers sein — — —. Doch —, wo du gehst, da blü - hen

f *più lento.* *legato.*

1. ar - men, ar - men Sän - ger, der nur sein ei - gen nennt das Reich der Phan - ta-
2. die nur Glück und Ro - sen, der ar - me Sänger hat den Lor - beer nur für
ral - len - tan -
1. sie, dort kann er lie - ben und be - si - tzen, doch auf Er - den nie, dort kann er lie - ben und be-
2. sich, der kühlt sein Haupt in letz - ter Stunde, wenn er stirbt um dich, der kühlt sein Haupt in letz - ter
ral - len - tan -
do. - a piacere. tempo Imo
Imo IIdo
1. si - tzen, doch auf Er - den nie!
2. Stunde, wenn er stirbt um dich!
do. tempo Imo
Imo IIdo
mf

108. Blauäuglein.

Allegretto. *Arnaud.*

weh.
Fine.
leggiero.
cresc.
f

1. Ein ein - zig Wort kann mich be - glü - cken, o sprich es aus und ich bin dein, ein Blick von
1. Weißt du denn nicht, wie ich dich lie - be? siehst du denn nicht, wie ich so blaß? wüßtest wohl
mf

crescendo.
ritard.
1. dir, er giebt den Him - mel, und solch ein Blick, er war be - mein.
2. gern, wa - rum ich seuf - ze, wa - rum mein Aug' von Thränen naß? | Zwei
cresc.
ritard.

105. Tasso im Kerker.
Allegro maestoso.
Concone.
1. Sei still, mein Herz, mit bit - tern Kla-
2. Einst wird in Staub die Burg zer - fal-
1. gen, es hört sie nur des Ker - kers Wand, es kann kein
2. len, wo man das har - te Ur - theil sprach, doch dann wird

1. Herz sie wei - ter tra - gen, sie blei - ben ein - sam, blei - ben
2. laut mein Na - me schal - len, mein Lied singt je - de Zun - ge,
1. ein - sam, un - ge - kannt —; doch ob die Für - sten mich ver - flie-
2. je - de Zun - ge nach —; die mich ge - schmä - het, wer - den Her-
1. hen, ob man mich trenn - te auch von ihr —,
2. ben, sie wer - den bald verges - sen sein —,

1. ob al - le Men - schen mich ver - lie - ßen, ich sing' mein
2. ich werd' Unsterb - lich - keit er - wer - ben, im To - de
1. Lied, Gott ist mit mir, ob al - le Men - schen mich ver - lie - ßen, ich sing' mein Lied, Gott ist mit
2. wird der Lor - beer mein, ich werd' Unsterb - lich - keit er - werben, im To - de wird der Lorbeer
1. mir.
2. mein.
Kann man doch Ei - nes mir nicht rau - ben, ich trag' es still in Se - lig-

106. Mignon von Göthe.

Ziemlich langsam.

L. van Beethoven.

sanf ter Wind vom blau - en Him mel weht, die Myr the still und hoch der
cresc.

Geschwinder.
Lor beer steht, kennst du es wohl? Da hin! da-

hin — möcht' ich mit dir, o mein Ge lieb - ter, zieh'n, da - hin! da-
cresc.
p

Mit Nachdruck.

an: was hat man dir, du ar - mes Kind —, ge - than?
cresc.

Geschwinder.
Kennst du es wohl? Da - hin —! da - hin möcht' ich mit dir, o
cresc.

mein Be - schützer, zieh'n! da - hin! da - hin möcht' ich mit dir, o mein Be-
cresc.

tempo Imo
dim.
Da hin! da hin!
Kennst du den Berg und sei nen Wolken steg? das Maulthier sucht im Ne bel sei nen Weg, in
Höh len wohnt der Dra chen al te Brut; es stürzt der

Fels und ü ber ihn die Fluth.

Geschwinder.
Kennst du ihn wohl? Da hin — ! da hin geht un ser Weg! o Va ter,

laßt uns zieh'n, da hin! da hin geht un ser Weg! o Va ter, laßt uns

109. Der Wanderer von Schmidt v. Lübeck.

Sehr langsam.

Franz Schubert.

es dampft das Thal, es braust das Meer, es braust das
Meer. Ich wand - le still, bin we - nig
froh, und im - mer fragt der Seuf - zer wo? im - mer

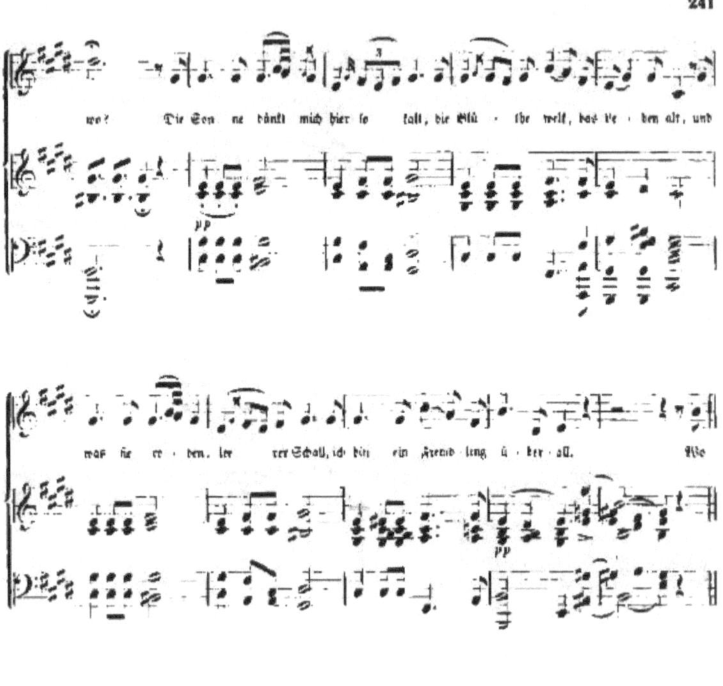
wo? Die Son - ne dünkt mich hier so kalt, die Blü - the welk, das Le - ben alt, und
was sie re - den, lee - rer Schall, ich bin ein Fremd - ling ü - ber - all. Wo
pp
pp

Etwas geschwinder.
bist du, wo bist du, mein ge - lieb - tes Land? ge - sucht -, ge-
mf

Geschwind.
ahnt, und nie – – ge kannt. Das
p
pp
sf

Land, das Land, so hoffnungsgrün, so hoffnungsgrün, das Land, wo mei - ne
p

Ro - sen blüh'n, wo mei - ne Freunde wan - deln gehn, wo mei - ne Tod - ten auf - er - steh'n, das
cresc.
f

Wie anfangs, sehr langsam.
Land, das mei ne Spra che spricht, o Land, wo bist du?
fp
fp
pp
dim.
Ich wand le still, bin we nig froh, und im mer
fragt der Seuf zer wo? im mer wo? Im Gei sterhauch tönt's mir zu rück:
ppp

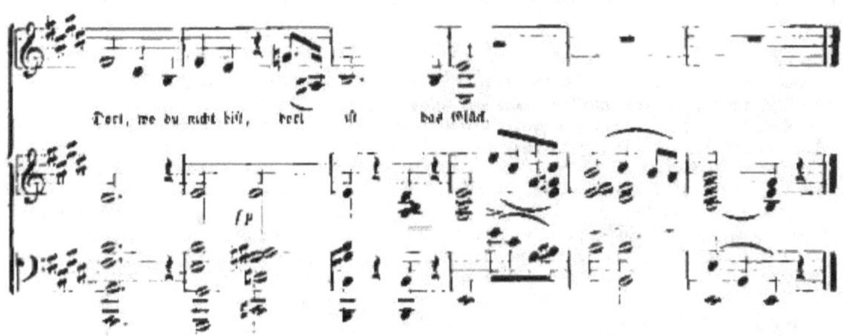
Dort, wo du nicht bist, dort ist das Glück.

Anhang.

Kurze Anleitung zum Singen des Italienischen.

I. Vocale und Diphthonge.

Die Vocale a, e, i, o, u werden wie im Deutschen ausgesprochen. — Doppelvocale sind getrennt auszusprechen und dürfen niemals zusammengezogen werden. Es lauten also: ai, ei, eu, au, oi wie: a⁀i, e⁀i, e⁀u, a⁀u, o⁀i; z. B. avrai, avra-i; Laura, La-ura; lei, le-i; miei, mi-e-i; suoi, su-o-i.

II. Consonanten.

ca, co, cu wie: ka, ko, ku; z. B. capo, kápo; concordia, konkórdia; cocuzzolo, kokúzzolo. — ce, ci wie: tsche, tschi; z. B. cece, tschétsche; Cicerone, Tschitscherone.

Soll c vor a, o, u wie tsch gesprochen werden, so wird ein i eingeschoben, also: cia, cio, ciu wie: tscha, tscho, tschu; z. B. ciancia, tschántscha; cioccolata, tschokkoláta; ciuffetto, tschuffetto.

Soll c vor e und i den K-Laut behalten, so wird ein h eingeschoben; daher che, chi wie: ke, ki; z. B. Cherubini, Kerubini; chiamare, kiamáre; chiedere, kiédere, chiodo, kiódo.

Ebenso verhält es sich mit g. Also ga, go, gu wie im Deutschen; z. B. gabbia, gábbia; gomena, goména; gufu, gúfu. — ge, gi wie: dsche, dschi (weich gesprochen); z. B. gelare, dscheláre; giro, dschiro.

Soll g vor a, o, u wie dsch gesprochen werden, so wird ein i eingeschoben, also gia, gio, giu wie: dscha, dscho, dschu; z. B. giacinto, dschatschinto; giovane, dschowáne; giubilo, dschubilo.

Soll g den harten Laut vor e und i behalten, so schreibt man gh, also ghe, ghi wie: ge, gi; z. B. ghermire, germíre; larghetto, largétto; ghiotto, giótto.

gla, glo, glu wie im Deutschen, aber gli wie lj; z. B. meglio, meljo; piglio, piljo. Ausnahmen hiervon: Anglia, Anglia; negligere, neglidschere.

gn wie nj; z. B. cartagna, kartánja; legno, lénjo.

h wird nie ausgesprochen: ho, hai, ha wie o, á⁀i, a.

qua, que, qui, quo wie: kuá, kué, kui, kuó (das u ist kurz und dumpf auszusprechen); z. B. quadro, kuádro; quercia, kuértscha; quindi, kuindi; quotidiano, kuotidiáno.

s ist weich zwischen 2 Vocalen, sonst immer scharf wie ß; z. B. casa, kasa; sposa, ßposa; sangue, ßangue; sospiro, ßoßpiro.

sce, sci wie: sche, schi; z. B. scena, schéna; scimia, schimia.

sche, schi wie: ske, ski; z. B. scherma, skérma; schifo, skifo.

scia, scio, sciu wie: scha, scho, schu; z. B. sciagura, schagúra; sciocco, schókko; sciugatojo, schugatójo.

v wie w; z. B. vivanda, wiwánda; vivere, wiwere

z in einigen Wörtern scharf wie ts, in andern weich wie ds; z. B. zucchero, tsúkkero; zeffiro, dséffiro, dozzina, dodsína.

Vertheilung der italienischen Silben beim Gesange.

Der italienische Text stellt an den Sänger sehr häufig die Forderung, zu einem Tone zwei oder mehrere Vocale (ja auch Silben) zusammenziehen zu müssen; z. B.

Bei 1. kommen zwei Silben (no—as) und bei 2. drei Vocale (i—u—a) auf einen Ton. Um dies ausführen zu können, denke man sich den Notenwerth in so viel Theile zerlegt, als Silben oder Vocale vorhanden sind, und eile gleichmäßig über dieselben hinweg, ohne den Ton zu unterbrechen. Nur in dem Fall ist eine Silbe schärfer zu betonen oder von längerer Dauer zu nehmen, wenn ein Accent darauf fällt; z. B.

Voi che — Ausführung: — Vo - i che

Einige Bemerkungen über die Behandlung des Recitativs oder recitativer Stellen im Liede.

Von den beiden gleichen Noten am Ende eines musikalischen Abschnittes ist die erste eine Stufe höher (Vorhalt, Vorton) zu nehmen; in Bezug auf den Vortrag erhält der Vorhalt den Hauptaccent und eine entsprechend längere Dauer, z. B.

Bei drei gleichen Noten am Schlusse hat die erste den Vorhalt, z. B.

Auch in der Mitte eines Abschnittes hat man oft der bessern Declamation oder des Wohlklangs wegen bei gleichen Noten auf der Hauptsilbe einen Vorhalt zu nehmen, z. B.

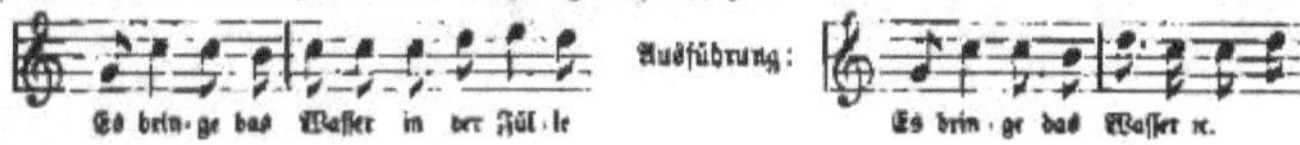

Ein Recitativschluß wie dieser:

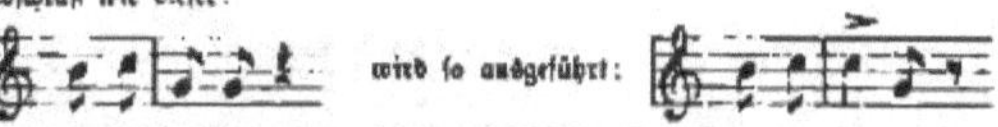

Zuweilen kann man auch in der Arie oder dem Liede ein ähnliches Verfahren anwenden. Folgende Stelle:

Ausführung der langen Vorschläge.

Sehr häufig sind die Vorschläge beim Gesange lang zu nehmen, namentlich gilt dies von älteren Compositionen oder denen der classischen Meister. In dem vorliegenden Werke sind die langen Vorschläge dadurch bezeichnet, daß sie nicht durchstrichen sind, z. B.  wie dies bei den kürzeren Vorschlägen der Fall ist (♪).

Der lange Vorschlag gilt die Hälfte oder auch ⅔ von der Hauptnote und ist stärker zu betonen als die Hauptnote.

Beispiel:

Ausführung: 

Oft wird die Hauptnote gänzlich ausgelassen und der Vorschlag erhält deren vollen Werth, z. B.

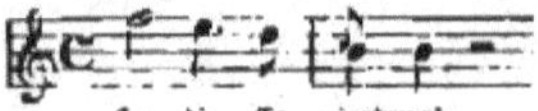

Ausführung: 

Inhalts-Verzeichniss.

*) Mit Genehmigung der Original-Verlagshandlung, Schlesinger'sche Buch- und Musikalien-Handlung in Berlin.

Gedruckt bei E. Krämer in Potsdam.

Zeitfracht Medien GmbH
Ferdinand-Jühlke-Straße 7
99095 Erfurt, Deutschland
produktsicherheit@kolibri360.de